思数·意悟·数感

在课堂教学中培养小学生数感的实践研究

罗刚◎编著

中国商业出版社

图书在版编目（CIP）数据

思数·意悟·数感 ：在课堂教学中培养小学生数感的实践研究 / 罗刚编著. -- 北京 ：中国商业出版社，2024. 6. -- ISBN 978-7-5208-2979-3

Ⅰ. G623.502

中国国家版本馆CIP数据核字第2024QU6430号

责任编辑：滕　耘

中国商业出版社出版发行

（www.zgsycb.com 100053　北京广安门内报国寺1号）

总编室：010-63180647　编辑室：010-83118925

发行部：010-83120835/8286

新华书店经销

天津中印联印务有限公司印刷

*

710毫米×1000毫米　16开　16.5印张　250千字

2024年6月第1版　2024年6月第1次印刷

定价：59.00元

* * * *

（如有印装质量问题可更换）

序 / PREFACE

光阴似箭。一转眼，我从泉州的民办学校调到深圳的公办学校，已经13年了。我与罗刚老师相识，也已近13年。

最初认识罗刚老师，是在宝安区教育科学研究培训中心（现为宝安区教育科学研究院）小学数学教研员李龙老师建立的“教学探讨”群里。当时，几乎全区的数学骨干教师都在其中。我和罗刚老师的交流比较多，对很多问题的看法也容易形成共识。从交流中我可以感觉得到，罗刚老师是很用心地在研究课堂、研究学生和研究教法的。

我们经常在区级教研活动中相遇，每次活动结束后，罗刚老师和我们几个伙伴会找一个饭店小聚，边吃边聊一些趣事，感觉真是温暖。很多人移居其他城市会有一个或长或短的适应期，但我没有。正所谓“来了就是深圳人”“以真心换真心”。你用真心对待别人，别人也会用真心对待你，你的朋友才会越来越多。我从老家到泉州工作，又从泉州到深圳工作，与以前的老朋友都保持着交往，又认识了深圳的一大批朋友，真是开心。

作为一个学区教研员，罗刚老师组织的教研培训活动让我印象深刻。这几年，受罗刚老师邀请，我多次给他所在的宝安区第四学区进行教学设计、课题研究、教育写作等专题培训，也为他学区承办的“宝安区万名教师晒好课”活动做过点评。其中一次，在活动后半阶段，他让即将去区里参加说课决赛的两位教师，在全学区教师的面前进行说课展示，又让现场听课的教师即兴点评、提出建议。两位教师后来在区里的说课决赛中都取得很好的成绩。我想，这也是罗刚老师培养年轻教师的一种温情的、有效的方式。

现在，该说说本书了。罗刚老师在第一章“研究缘起”中说得好：“在新课程标准改革的背景下，学科教学发生了翻天覆地的变化。小学数学教师不仅要传授基础知识与技能，还要培养学生的核心素养，发挥学科独特的育人价值。”罗刚老师的这种认识是准确的、科学的。《义务教育数学课程标准（2022 年版）》指出：“数学在形成人的理性思维、科学精神和促进个人智力发展中发挥着不可替代的作用。数学素养是现代社会每一个公民应当具备的基本素养。”培养学生数学素养，是每一个数学老师的神圣职责。罗刚老师开展的在课堂教学中培养小学生数感的实践研究，是比较全面和深入的。

第二章，从小学生数感培养现状调查与分析入手，阐述了小学数学教学数感、量感培养的价值及策略，以及数感与量感的契合发展、数感与数量推理的协调发展等，这样的研究有一定的广度和深度。

第三章、第四章，通过数的概念、分数、平均分、估算等教学研究和数轴、实践活动、游戏、数字日记、数形结合、简算、知识迁移等的应用，阐述小学生数感培养的实施载体与策略研究，这样的研究比较具体和翔实。

第五章、第六章，详述典型教学案例与错例，真正将数感培养落实到课堂教学中。

本书为一线教师开展基于小学数学核心素养的教学探究提供了参考。愿更多的教师坚持走教科研之路，多出成果、出好成果，助力教师教育教研水平的提升，助力小学生学好数学、用好数学、奠基未来！

是为序。

叶建云

2024 年 6 月 7 日

叶建云，深圳市宝安区实验学校（集团）官田学校小学数学教师，深圳市名师，深圳市名师工作室主持人，正高级教师。

目录 / CONTENTS

第四章　小学生数感培养的策略研究

第五章　小学数学数感教学案例探究

第六章　小学数学数感教学错例研究

后　记

第一章　绪论

第一节　研究缘起

在课程标准改革的背景下，学科教学发生了翻天覆地的变化。小学数学教师不仅要传授基础知识与技能，还要培养学生的核心素养，发挥学科独特的育人价值。教育部先后于2001年印发《基础教育课程改革纲要（试行）》、2011年印发《义务教育数学课程标准（2011年版）》、2022年印发《义务教育数学课程标准（2022年版）》，数学核心素养在修订过程中逐渐清晰。数感是数学核心素养之首，2022年版课标指出，数感主要是指关于数与数量、数量关系、运算结果估计等方面的直观感悟；建立数感有助于理解数的意义和数量关系，初步感受数学表达的简洁与精确，增强好奇心，培养学习数学的兴趣。

2022年版课标根据学生的心理特征和认知规律，将九年学习时间分为四个学段，并列出总目标，在各学段具体目标中体现核心素养。其中，“六三”学制的一、二年级为第一学段，三、四年级为第二学段，五、六年级为第三学段；第一学段初步形成数感，第二学段形成数感，第三学段发展数感。

通过调研发现，部分教师对数感的内涵、数感的培养策略等缺乏了解，迫切需要进行深入探究。因此，本书以课题为抓手进行调研，以期引领区域数学教学研究高质量发展。

一、国内课堂教学现状调查

数学是研究数量关系和空间形式的科学，也是学生应具备的基本数学素养。数感是形成抽象能力的经验基础，良好的数感有助于学生理解数的意义和数量关系。对于学生来说，数感的概念比较抽象，在学习中较难自行建立表象，进而会影响其真正地理解数感的内涵。教师应重视培养学生的数感，以提高学生的学习效率及学习能力。那么，在实际教学中，教师对数感的理解和把握是否准确，小学生数感培养的情况是怎样的呢？

对此，笔者对深圳市宝安区第四学区的560名小学教师进行了数感培养的现状调查。

见表1–1、表1–2，作为课堂的组织者，教师本应设定清晰的数感培养目标、方法，但是很多教师对于数感的理解不够透彻，缺乏理论和实践指导，在实际教学中对于数感的培养有心无力。由此可见，就小学教学中如何培养学生的数感进行研究，对教师专业水平的提高、学生数学素养的提升等具有重要意义。

表1–1 数感培养现状调查1

问题	你对核心素养数感内涵的理解程度是（ ）。	人次	比例（%）
选项	A. 能够充分理解定义，熟悉相关教学内容，明确量纲	70	12.50
	B. 能够深入理解数感内涵，了解相关教学内容	208	37.14
	C. 对定义的理解不是很透彻，相关教学内容及方法知之甚少	202	36.07
	D. 数感定义中“感悟”一词感觉比较玄，缺少量纲，难以具体操作	80	14.29

表1–2 数感培养现状调查2

问题	小学数学课堂数感教学现状是（ ）。	人次	比例（%）
选项	A. 教师熟悉相关教学内容，掌握教学策略，重视培养学生数感	99	17.68
	B. 教师重视培养学生数感，有少量实践，但较少深入研究	265	47.32
	C. 教师关注与数感相关的内容，但难以落实到教学中	171	30.54
	D. 教师较少关注与数感相关的内容	25	4.46

二、数感研究情况调查

（一）国外学者对数感的理解

1954年，丹齐克在其著作中首次提出数感这一概念，认为数感是对微小数量变化的一种直觉感受。

桑德认为，数感是关于数的一个网络结构，可以将数字和它相关的一系列操作特性联系起来，并以灵活的方式解决与数字相关的问题。

之后，数感这个概念被引入心理学的研究领域。神经科学家斯坦尼斯拉斯·迪昂认为，数感就是快速地理解、估计和操作数量的能力；雷斯认为，数感是个人对数运算的一般理解，以及能灵活利用这种对数和运算的理解作出数学判断、形成有效策略，处理数和运算问题的能力与倾向。

（二）国内学者对数感的理解

郑毓信认为，数学伴随着判断、甄别能力，这些能力主要和数学的直觉相联系，学习者应当会猜想并将直觉能力和逻辑思维的辩证关系分析清楚。张奠宙认为，认识客观事物的规律是数学的主要任务，数感源于顿悟。马云鹏、史炳星认为，数感是人们主动地、自觉地或自动化地理解数和运用数的态度与意识。史宁中认为，数感和量感的本质都是数的表达。徐利治认为，数感、直觉、顿悟既有先天的成分，也有后天教育的功劳，所以数感是可以培养的，而且越早越好。

立足我国当前小学数学课程数感内容设置及实施的实际，经过研究得到小学生数感发展规律与特征：学生数感的发展随着年级的增长而逐步提高。这也为基础教育数学课程构建提供了基础和依据。

（三）国内外课程标准对数感的定义

美国数学教师协会在 1989 年颁布的《学校数学课程与评价标准》中，对数感的阐述为："数感是一种关于数字的直觉，它从数字的所有不同的意义的表述得以表现。"《学校数学的课程与评价标准（2000）》指出："数与运算标准的中心是培养学生的数感。"

2001 年 7 月，我国教育部颁布《全日制义务教育数学课程标准（实验稿）》，明确地把数感作为学习内容，并列在六类学习内容（数感、符号感、空间观念、统计观念、应用意识、推理能力）的首位。这是"数感"一词首次在我国数学课标中出现，受到数学教育工作者的高度关注。

《义务教育数学课程标准（2011 年版）》指出：数感主要是指关于数与数量表示、数量大小比较、数量和运算结果的估计等方面的直观感觉。建立数感有助于学生理解现实生活中数的意义，理解或表述具体情景中的数量关系。

《义务教育数学课程标准（2022年版）》指出：数感主要是指对数与数量、数量关系及运算结果的直观感悟。要求学生能在真实的情境中理解数的意义，能用数表示物体的个数或事物的顺序；能在简单的真实情境中进行合理估算，作出合理判断；能初步体会并表达事物蕴含的简单数量规律。

综上可见，数感是相对抽象的概念，是儿童早期发展的重要能力，也是后天习得的结果。本书试图厘清数感的定义和形成机理，探究在课堂上培养小学生数感的教学策略，设计课程结构，优化教学模式，立足数感培养，全面提升学生的数学核心素养。

第二节　研究目标、内容与方法

一、研究目标

数与代数领域的主要内容有数的认识、数的表示、数的大小、数的运算、数量的估计，字母表示数、代数式及其运算、方程。这一领域的根本任务在于培养学生的数感。只有在现实的、有意义的情境中，经历从事物到数量、从数量到符号的认知过程，学生才能深刻地认识数，建立良好的数感。

通过课堂教学的有效干预，学生能在第一、第二学段形成良好的数感，加深对数的理解，提高应用意识，发展数学思维。

二、研究内容

根据课程标准对数感的解读，结合小学阶段相关内容，笔者发现教学中知识性目标和过程性目标固然重要，但更重要的还是数感的培养。笔者探索小学生数感培养策略，以北京师范大学出版社的小学数学教材（以下统称北师大版教材）为例，梳理数感相关内容与切入点，根据课型进行分类；挖掘有价值的现实情境，让学生经历深度学习。

自新课改实验以来，数学教学已打破原有的教育思想、教育理念、教学方式和学习方式。笔者在教学过程中根据不同课型选择培养策略，如情境体验、动手操作、游戏活动等，对教学策略进行反复试教和改进，记录课堂呈现效果，适时汇总、改进教学方法。

三、研究方法

（一）文献研究法

文献研究法是根据一定的研究目的或课题，通过调查文献来获得资料，从而全面地、正确地了解和掌握所要研究问题的一种方法。本书通过收集有关书籍、论文及网络资料，了解学习理念、模式等，建构理论基础。

（二）案例研究法

案例研究法是综合运用历史数据、档案材料、访谈、观察等多种收集数据和资料的技术与手段，对某一背景下的特定社会单元（个人或团体组织）中发生的典型事件的背景、过程进行系统的、综合的描述和分析，从而在此基础上进行解释、判断、评价或者预测①的一种研究方法。本书运用历史数据、档案材料、访谈、观察等方法收集有关培养小学生数感的素材，对课堂教学中的具体情况进行具体归纳与分析，研究小学生数感的培养方法、途径及策略等，使小学生数感培养的教学实践更加系统化、理论化。

（三）访谈法

访谈法是指研究者运用与研究对象进行口头交谈的方式收集对方有关心理特征和行为数据资料的一种研究方法。本书分别从教师、学生的角度出发，围绕“课堂教学中数感的培养”设计访谈提纲，对数感培养的态度、方法、效果、可行性等进行访谈，并做好访谈记录，必要时进行录音、录像。访谈后对收集的资料进行筛选、分析，并撰写访谈报告。

---

① 王建云. 案例研究方法的研究述评［J］. 社会科学管理与评论，2013（3）：77-82.

第二章　关于数感的理论研究

第一节　小学生数感培养现状调查

一、问卷调查背景

《义务教育数学课程标准（2022年版）》指出：数感主要是指对数与数量、数量关系及运算结果的直观感悟。要求学生能在真实的情境中理解数的意义，能用数表示物体的个数或事物的顺序；能在简单的真实情境中进行合理估算，作出合理判断；能初步体会并表达事物蕴含的简单数量规律。

为了解教师对于数感的认识情况，笔者设计了一套调查问卷。调查对象是深圳市宝安区第四学区的小学数学教师，其中既有教坛新秀，也有骨干教师。此问卷调查对象覆盖面较广，凸显新课程理念，共收回560份，其中有效问卷560份，问卷有效率100%。

二、问卷设计与结果分析

问卷主要分为3个维度：第一个维度，调查教师数感学习的现状，共2个问题；第二个维度，调查教师对于数感内涵的理解情况，共4个问题；第三个维度，调查教师在教学中对于数感的实践情况，共3个问题。

（一）现状分析

问题1. 你主要通过哪种途径了解核心素养数感？（见表2–1）

表 2–1　问卷调查 1

问题	你主要通过哪种途径了解核心素养数感?	人次	比例（%）
选项	A. 阅读关于数感的著作	53	9.46
	B. 听专家关于核心素养的讲座	131	23.39
	C. 阅读关于数感的文章	79	14.11
	D. 在新课程标准及教师用书上了解	297	53.04

从表 2–1 的数据可以看出，大部分教师是通过新课程标准及教师用书了解数感的，这表明大多数教师在教学中重视课标及教师教学用书的指导和辅助作用；也有部分教师是通过听专家关于核心素养的讲座了解数感的；还有小部分教师是通过阅读关于数感的著作了解数感的。

其中，选择“阅读关于数感的著作”者最少，原因或为阅读著作需要较多的时间和精力，因此教师会优先选择其他方式。总体来说，很多教师还是有意愿去了解数感的，但可能限于各种现实情况，没有进行深度学习。

问题 2. 你参加关于核心素养数感的教研活动有多少？（见表 2–2）

表 2–2　问卷调查 2

问题	你参加关于核心素养数感的教研活动有多少?	人次	比例（%）
选项	A. 外出参加过关于数感专题教研活动	218	38.93
	B. 参加过学校科组组织的数感专题研课活动	157	28.04
	C. 写过关于数感的论文或教学反思	25	4.46
	D. 没有参加过任何形式的数感专题教研	160	28.57

表 2–2 的数据表明，近三分之一的教师没有参加过任何形式的数感专题教研，仅有不到 5% 的教师写过关于数感的论文或教学反思，这可能与教师的工作、时间安排有关。由此可见，数感的培养没有得到教师的足够重视，仅有少数教师将数感培养融入实际教学。

（二）内涵理解

问题 1. 你对核心素养数感内涵的理解程度是？（见表 2–3）

表 2–3　问卷调查 3

问题	你对核心素养数感内涵的理解程度是?	人次	比例（%）
选项	A. 能够充分理解定义，熟悉相关教学内容，明确量纲	70	12.50
	B. 能够深入理解数感内涵，了解相关教学内容	208	37.14
	C. 对定义的理解不是很透彻，相关教学内容及方法知之甚少	202	36.07
	D. 数感定义中“感悟”一词感觉比较玄，缺少量纲，难以具体操作	80	14.29

表 2–3 所示的问卷结果反映出，大部分教师知道数感这一核心素养，但是对其内涵、内容了解不够透彻，一些教师甚至对“数感”一词是陌生的，仅有 12.50% 的教师认为自己能够充分理解数感的内涵。

问题 2. 关于数感的表述，你赞同哪种？（见表 2–4）

表 2–4　问卷调查 4

问题	关于数感的表述，你赞同哪种?	人次	比例（%）
选项	A. 能用多种方法来表示数，能在具体情境中把握数的相对大小关系，能用数来表达和交流信息，能为解决问题而选择适当的算法，能估计运算的结果，并对结果的合理性进行解释	152	27.14
	B. 数感是一种对于数字的直观理解，包括数字之间的关系、大小以及它们的运算	38	6.79
	C. 数感主要是指关于数与数量、数量关系、运算结果估计等方面的感悟。建立数感有助于学生理解现实生活中数的意义，理解或表述具体情境中的数量关系	228	40.71
	D. 数感就是关于数的感觉和理解	15	2.68
	E. 数感指的是一个人对数字和运算的一般理解力，以及灵活应用这种理解力的倾向和能力，用这种方式可以作出明智的数学判断，并开发出应用数字和运算法则的有效策略	127	22.68

对于此问题，少数教师选择了 B 和 D 选项，原因或许是对数感的内涵了解不够深刻，在理论层面，对数感内涵和本质的认识有待进一步深入。

问题 3. 建立数感是在新课标课程目标中哪一个方面进行阐述的？（见表 2–5）

表 2–5　问卷调查 5

问题	建立数感是在新课标课程目标中哪一个方面进行阐述的？	人次	比例（%）
选项	A. 知识与技能	226	40.36
	B. 数学思考	206	36.79
	C. 问题解决	62	11.07
	D. 情感态度	66	11.79

从表 2–5 可以看出，一线教师对于数感的建立过程有不同的理解。实际上，新课程标准在其四维目标之一的“数学思考”中，明确阐述了应如何建立数感。

问卷结果之所以会出现这种分歧，是因为教师通常是在已有生活体验中启蒙数感、在直观比较中累积数感、在实践活动中体验数感、在应用中发展数感。具体来讲，数感的建立涉及四维目标的不同方面。目前，教师对于如何建立数感有一定了解，但尚未形成系统的教学策略。

问题 4. 关于数感的培养目标下列表述正确的是？（见表 2–6）

表 2–6　问卷调查 6

问题	关于数感的培养目标下列表述正确的是？	人次	比例（%）
选项	A. 终身学习发展数感	191	34.11
	B. 小学发展数感、中学形成数感、大学升华数感	216	38.57
	C. 中小学发展数感、大学形成数感	18	3.21
	D. 第一学段初步形成数感，第二学段形成数感，第三学段发展数感	135	24.11

《义务教育数学课程标准（2022 年版）》指出，要在小学第一学段初步形成数感，第二学段形成数感，第三学段发展数感。所以本题答案应选 D。但从表 2–6 可见，确切掌握这一培养目标的教师不到调查对象的四分之一。

（三）实践应用

问题 1. 你在日常教学中如何落实核心素养数感？（见表 2–7）

表 2–7 问卷调查 7

问题	你在日常教学中如何落实核心素养数感?	人次	比例(%)
选项	A. 熟悉相关教学内容，特别注重培养数感，有自己独特的方法	99	17.68
	B. 重视培养数感，有少量实践，缺乏深入研究	265	47.32
	C. 教师用书中提到有数感目标的内容时会注意，但具体落实程度心里没底	171	30.54
	D. 很少关注数感的培养，这方面的教学内容太少	25	4.46

从表 2–7 所示的问卷数据能够看出，大部分教师都已意识到数感在教学中的作用，并开始重视数感的培养，但对于数感的深入研究，并将其落实到具体教学实践中的程度却是不够的。教师借助教师用书进行备课，培养目标涉及数感内容时对于落实效果并没有把握。

问题 2. 下列关于数感的表述不正确的是?（见表 2–8）

表 2–8 问卷调查 8

问题	下列关于数感的表述不正确的是?	人次	比例(%)
选项	A. 数感是一种主动地、自觉地或自动化地理解数和运用数的态度与意识	174	31.07
	B. 数感是数的抽象意义与数的具体意义的统一，是一种自觉地联系量，主动地基于数学的或现实的问题情境，解释数和应用数的意识与能力	93	16.61
	C. 数感是培养学生准确估计物体数量、质量、空间、时间等“多少”“大小”“长短”等的能力	190	33.93
	D. 数感包含计算策略中的灵活性和创造性	103	18.39

由表 2–8 可见，本题的 4 个选项皆有教师选，多数教师认为 A、C 项错误，对 B、D 选项存在争议。这表明教师对数感内涵的理解、对数感培养的具体内容不够清晰。事实上，此问题下的 4 个选项均有出处。《对数感及其教学的思考》中提出：数感是一种主动地、自觉地理解数和运用数的态度与意识。《数感的界定、误区与培养对策》中提出：数感是数的抽象意义与数的具体意义的统一，是一种自觉地联系量，主动地基于数学的或现实的问题情境，解释数和应用数的意识与能力。《数感及其形成与发展》中提出：数感的培养可以促进学生计算策略的灵活性和创造性。在涉及数感的教学目标

中，也要求学生能够估计物体数量、质量、空间、时间等事物的“多少”“大小”“长短”。

问题 3. 下面哪些教学活动主要针对数感的培养？（见表 2–9）

表 2–9　问卷调查 9

问题	下面哪些教学活动主要针对数感的培养？	人次	比例（%）
选项	A. 数数、读数、估数、用数	490	87.50
	B. 用多元表征说明算式 5 × 3 的意义	341	60.89
	C. 通过数 100 页数的厚度估计一本字典的页数	347	61.96
	D. 利用乘法口诀表提高口算速度	248	44.29
	E. 强调竖式计算，规范书写规则	144	25.71
	F. 利用平行四边形面积公式推导三角形面积公式	233	41.61
	G. 利用四舍五入或进一法对计算结果取整，并结合实际说明合理性	353	63.04
	H. 通过多次估算迫近猜测准确数的游戏	388	69.29
	I. 思维可视化交流多种方法计算 300–158	322	57.50

从表 2–9 来看，大部分教师选择 A，认为“估计”类的教学活动有助于数感的培养，如估算和估量。

从这些围绕三个维度展开的调查数据可以看出，很多教师对于数感的理解并不深入，对于数感的培养目标不够清晰，如何培养学生的数感是教师面临的一个新难题。

三、总结

由以上调查可以得知，小学一线教师已经意识到培养学生数感的重要性，建立数感有助于提升学生数学素养，有助于发展学生的创新精神和实践能力。可是，一些教师对于数感的理解还停留在表面，不能将之落实到教学中。因此，如何在课堂教学中培养小学生数感，如何将教学理论与课堂实践相结合，具有重要的研究意义。

第二节　小学生数感培养现状分析

数感是学生掌握数学知识的基石，对于发展学生的思维能力、创造能力等起着重要作用。数感不是通过教师传授就能培养的，而更多地应该让学生自己去感知、发现、探索，运用数学知识解决现实生活中的数学问题。

一、数感教育的作用

数感是关于数与数量、数量关系、运算结果估计等方面的感悟。一些学生对重点知识理解不到位，原因之一便是数感较差。为了转变这种状况，教师应当从培养数感的角度出发，尝试引导学生用数学思维发现问题、思考问题、解决问题。培养学生的数感，就是激发其数学学习能力，养成良好的学习习惯。

良好的数感使学生能够快速、准确地理解和应用数学知识，有助于发展学生的数学思维和实践能力，有助于提升学生的数学素养。

二、数感教育存在的问题

经过长期的教学实践，笔者发现小学的数感教学存在以下问题：学生数感较差且缺乏足够的数感训练，不能准确感知数量和数值的大小；数感相关教学内容缺少趣味性和实践性，难以激发学生的学习兴趣；教学方法单一，评价方法传统，不能全面、准确地评价学生的数感能力；等等。

三、数感教育的培养策略

针对上述问题，建议在以下几个方面采取积极措施，聚焦数感培养策略，促进学生素养提升。

（一）加强数感训练，从基础入手培养数感

在小学阶段，家长和教师比较关注学生做题的准确性，容易忽略对其数感的培养，强调最多的也是如何通过大量做题提高做题的正确率。而实际上，教学中的知识性目标和过程性目标固然重要，但更重要的还是数感的培养。为了达成数感培养目标，教师必须从基础入手培养学生的数感。

例如，在“20 以内加减法”教学中，为了提高学生的做题准确率，教师原本每天都会布置几十道计算题作为课后作业，要求学生按时完成。由于 20 以内的加减法题目数量有限，经过重复练习之后，学生基本上可以将这些题目背诵下来，甚至看见数学算式就知道了答案，不需要花时间思考、计算。这样一来，学生的做题正确率有了保证，但无益于数感的培养。在这种背景下，教师必须调整教学思想、教学方法，从有利于学生发展的角度出发，综合培养学生的数学思维。

仍以“20 以内加减法”教学为例，教师可以从数的“分成”入手，让学生练习将数字分成几和几。所谓“分成”方法，就是先计算个位数，再计算十位数，记住数的“分成”，学生便能熟练计算题目，快速写出算式答案，既节省了做题时间，又提高了做题的效率。例如，关于数字“9”，教师先将 11+8、12+7、13+6 等多个与 9 有关的算式写在黑板上。根据 9 的“分成”，学生初步判断个位数的加减，比如 1+8=9、2+7=9、3+6=9，然后学生只需要根据 9 的“分成”在算式的结果前面写上十位数的部分即可。当然，涉及进位的部分，教师也要注意提醒学生，防止计算出错。比起传统的题海战术，这种教学方法更有助于学生快速理解“20 以内加减法”的计算逻辑，有助于提高学生的数学能力。

（二）巧用生活情境，从能力入手培养学生数感

传统课堂教学模式主要是教师讲、学生听，甚至是教师代替学生学，导致一些学生独立思考能力较差，对数字不敏感。例如，教师在黑板上写下一组数字时，学生很难快速辨别这组数字是一个电话号码还是一个大数。对此，教师可创设生活情境，引导学生挖掘数学知识的内在联系，尝试理解不同数字组合所代表的含义。

例如，在“认识大数”教学中，一些学生对大数的认识较为片面，作出判断的依据是数字个数的多少。如果该组数字个数较多，学生会认为这是一组大数；如果该组数字个数较少，学生就会认为这不是一组大数。为了转变学生的这种片面认知，教师可以在课堂上创建一个简单的生活情境，让学生观察图片——一张房地产商的广告招牌。学生在仔细分析广告内容后，会发现几个与数字相关的关键信息：房地产商的联系电话，房屋的户型、面积、售价，等等。教师将这些数字提取出来，让学生判断这些数字能不能被称为“大数”。首先是电话号码，引导学生思考这组数字的含义，以及它能不能被称为大数。经过简单的讨论之后，学生发现这组数字虽然个数很多，但并不是大数，因为电话号码只是一种数字编码。其次是房屋售价 278 万元，虽然这组数字个数少，但它肯定是一个大数，因为该组数字的单位是“万元”，用阿拉伯数字表示出来应该是“2780000”。这个数字和电话号码相比明显有了“数”的意义。这种生活化的教学策略，能够让学生在具体的生活情境中感受数字的意义，理解判断一组数字是不是大数，其依据不是数字的个数，而是数字所代表的意义。这种教学方法对激发学生的学习兴趣、培养学生的数感，具有较好的效果。

（三）提供游戏机会，从思维入手培养学生数感

新课标强调将学生学习知识的过程转化为形成正确价值观的过程，然而在传统的数学课堂上，学生很难体验到强烈的参与感，以致一些学生认为学习数学就是听教师讲解知识，自己不需要过多思考。对此，教师在课堂上应让学生有充裕的时间去动手、探索、发现、归纳，真正成为“知识获得过程的主动参与者”，以培养学生的数感。

例如，在“字母表示数”教学中，学生初次接触到没有具体数字的“数”，理解上有一定难度。“字母表示数”是数学表达和数学思考的重要形式，也是学生学习代数的关键。教师可以设置一个小游戏“猜数”，引导学生主动参与游戏活动，激发学生的学习兴趣，培养学生的数感。

教师从 1 ~ 999 中随机选择一个数字写到纸上，然后让学生猜一猜纸上的数字是什么。“同学们，老师刚刚在这张纸上写下了一个整数，现在请大家一

起来猜一猜，老师在纸上写下的这个整数究竟是什么？大家大胆猜测，猜中的人可以获得老师准备的精美礼品哦！”这个小游戏瞬间激发了学生的学习兴趣。

玩过第一轮游戏之后，一部分学生理解了未知数的概念，教师这时可以开展第二轮小游戏：从 1～999 中随机挑选一个小数，让学生猜一猜具体数字。这个游戏和上个游戏相比，难度显然更大。通过这个小游戏，学生发现在 1 和 2 之间就有无数个小数。教师适时引入未知数的概念：“相信很多人已经发现，这个游戏的答案是无穷无尽的，我们知道在这个范围内存在一个小数，但我们并不知道这个小数具体是哪一个。但这道数学题我们还是要硬着头皮研究下去。这个时候应该怎么办呢？聪明的数学家想出了一个办法，那就是提出‘未知数’这个概念，今天这节课，我们一起来学习未知数吧！”教师在课堂上给学生提供了游戏互动、自主探究的机会，加深了学生对抽象的数学概念的理解，有效培养了学生的数感。

（四）借助实际问题，从应用角度培养学生数感

数感是一种学生个性化的能力，需要通过个性化的教学方法来培养。一些学生之所以数感较差，主要原因之一是教师缺乏有效的教学方法。教师可以借助一些实际问题，从应用的角度培养学生的数感。例如，在应用题教学中，将数量关系教学和数感培养结合起来，引导学生解决生活中的实际问题，综合培养学生的数学思维。

例如，某单位组织五一节外出郊游，员工共有 50 人。每辆商务车可坐 6 人，每小时租金是 10 元；每辆小轿车可坐 4 人，每小时租金是 8 元。如果所有人都参加郊游，车费至少要花多少元？其实租车方案有很多种，但该题目的要求是花费最少的钱，让所有人都坐上车，这个问题相对来说就有一些难度了。

为了帮助学生快速厘清这道题的逻辑关系，教师可以引导小组合作讨论该题的难点，尝试以解方程的形式算出答案。这一过程既增强了学生解决问题的能力，也培养了学生的数感。

第三节 小学数学教学数感培养的价值及策略

数学是研究数量关系与空间形式的科学，而数感是对现实世界中数量关系的直观认识。下面以小学第一学段的数学教学为例，探讨数感培养的价值及策略。

一、着眼发展，探究数感于数学教学的积极价值

（一）建立数感，助力自我构建

数感是关于数概念的网络结构，建立数感就是构建数概念网络的过程。例如，北师大版数学教材一年级上册“古人计数”一课，教学目标是初步认识个位和十位，感受以“十”为单位的计数方法。学生对数的认识是随着数的不断扩充而逐渐加深的，数数和认数的方式也随之变化。认识10以内的数时，学生是运用逐一计数的方法，即将实物抽象为数字，建立“一一对应”的思想。当数大于10时，就要先用古人计数的故事、摆小棒的形式等，引导学生理解“10个一就是1个十”，同一个数字在不同数位上表示的意义不同，同时渗透数位和数值的概念。

（二）建立数感，激活创新意识

运用数概念网络连接数学知识，创造性地解决问题，培养数学思维。例如，一年级上册“搭积木”一课，教学内容是20以内数的不进位加法和不退位减法。学生已经有了10以内加减法和数位学习的基础，计算13+2时，就能理解13由10和3组成，3+2=5，故10+（3+2）=15。

二、立足课堂细节，有效培养数学数感

（一）动手操作，感受实际意义

学生对于数学知识的认知，是由具体事物到抽象概念的转换过程，想要

有效培养学生数感，就离不开依托于具体事物的感知教学，也就是动手操作。

例如，一年级上册“跷跷板（轻重的比较）”一课，要求学生体会“轻重”的意义，简单了解数学基本概念。可以随机分给学生几种蔬果，让大家掂一掂、比一比，并用天平称重。学生在动手操作过程中，深刻体会到了“轻重”的意义。

（二）定量刻画，联系生活背景

将数学知识与生活实际相结合，用数去描述生活中的一些事物。例如，二年级上册“课桌有多长（认识厘米）”一课，要求学生知道 1 厘米的实际长度，学会用刻度尺测量物体的长度。首先，让学生用身边的物体比一比课桌的长度，有的学生发现课桌的长度大约为 4 本数学书的长度，有的学生发现课桌的长度为 6 拃。其次，提出问题：课桌的实际长度是多少？导入新课“认识厘米”。最后，学生用刻度尺测量课桌，读出准确数值。教师结合生活实际引导学生对实物进行定量刻画，使学生认识到生活中处处蕴含着数学知识，激发了学生的探究兴趣，促进了学生对数学知识的理解，同时有效培养了学生的数感。

（三）展开比较，深化数的认识

比较数的大小，深度理解数的实际意义，深化对数的认识，进而培养数感。例如，一年级上册“动物乐园（数的大小比较）”，用一一对应的方法让学生直观比较数的大小，了解“>”“<”“=”的意义。

第四节 小学数学教学量感培养的价值及策略

新课标将数学教学增添的新内涵——量感，以及数感当作数学核心素养的两个要素。量感实质上是一种感受，即人们对事物的可测量属性及大小关系的直观感知，如速度、重量、大小等。数感和量感是学生学习数学的基础素养，但在小学数学教学中，由于量感的培养过程费时费力，部分教师认为将更多的时间用到大量练习上教学效果会更好，因此轻视了对学生量感的培养。实际上，开展量感培养教学策略研究，可使学生对数学的“量”有更直观的感受。

量感的概念源自造型艺术领域，是人们面对物体所产生的直观感受，也是人们构思过程、构图处理的重要因素。量感并非具体的气味、颜色及形状等，这也是部分教师容易轻视量感培养的原因之一。

缺乏量感的学生容易出现一些难以想象的错误。例如，“从天津开车到杭州的总行程大约为1235（　　）”这道题，学生需要补全正确单位，但有的学生会填写“平方米”“公顷”等答案。出现这种让教师或家长百思不得其解的常识性错误，其原因就是学生量感缺失。

在小学数学教材中有很多涉及“量”的内容，有些与学生日常生活息息相关，学生能直观感知到，如体重、身高、时间、长度等；有些则距离学生日常生活较远，比较抽象，学生难以理解，如公顷、吨等。

例如，在“认识公顷”教学中，教材这样定义：“边长100米的正方形土地，面积为1公顷。”单纯理解这个定义，对于学生来说难度不大，但是学生很难真切感受1公顷的实际大小。在计算与公顷相关的数学题时，学生大多能准确计算题目，但不能感受面积的实际大小。如果教师预留一定时间，带领学生到学校操场上直观感受一下1公顷就是“边长100米的正方形土地”，就能加深学生对公顷的理解。

一、培养学生量感的意义

新课标指出，建立量感有助于养成用定量的方法认识和解决问题的习惯，是形成抽象能力和应用意识的经验基础。学生通常是利用自身感官，对具体的数和量形成整体认识与感受。培养学生的量感，能够让学生更好地理解物体的属性和计量单位之间的关系。在实际教学中，教师通常会采取参照法、单位迭代法等估测方法，加强学生对计量单位的理解。这有助于提高学生的估测能力。

数学是学生认识世界必不可少的工具，对学生学习与未来发展具有重要的作用。计量单位作为构成数学概念的基本内容，培养学生掌握计量单位知识，并将知识有效应用到解决问题的过程中，能够发展其数学思维，让其更好地认识世界。

二、量感培养策略

（一）设计趣味游戏

量感的建立和发展，离不开不同感官的协作。教师可引导学生使用各种器官感受物体，如手摸、鼻闻、眼看等，使学生逐渐形成相应的量感。在教学实践中，教师可以根据教学内容创设相关情境，既降低了学生感知计量单位的难度，也能激发学生的学生兴趣。

例如，在“认识千克”教学中，设计一个猜重量的小游戏。课前准备好柚子、可乐、牛奶等材料，让学生依次掂量三者重量，判断这些材料是否重于 1 千克。学生通过用眼观察、用手触摸等方式感受材料的重量，作出判断，最终形成了对 1 千克的认识与感受。在游戏过程中，学生对千克的理解逐渐加深。

（二）联系生活实际

培养量感，就是帮助学生准确理解量。在小学数学教材中，有很多现实生活中的例子，能够帮助学生感受量的大小。例如，在填写青藏高原和天安门广场的面积单位时，教师可以充分利用身边的资源，如列举图书馆、操场、教室等场地的面积，让学生先真实感受量的大小再答题。又如，感受 1 平方厘米的大小，可以将电脑键盘作为参照物；感受 1 平方分米的大小，可以将手掌作为参照物；感受 1 平方米的大小，可以将教室地砖作为参照物。以现实生活中的物体作为参照物，学生对厘米、分米、米有了直观感知，同时也提升了估算能力。

【教学片段 1】

在教授“千米单位”时，先让学生绕着操场走 1 千米，再让学生说出自己的感受。学生认为“走完 1 千米以后很累”“走完 1 千米大概需要 10 分钟”…… 最后，让学生估算家与校之间的距离，以及思考可使用哪种方法测量家与校之间的实际距离。

师：同学们都完成了测量，那么你们估算的距离与实际距离差得多吗?

生 1：我估算的距离比实际的长很多。我以为从家到学校有 4 千米，在地图软件上测量后发现，实际距离只有 2 千米，可能是因为我上学走得比较慢，所以觉得学校比较远。

生 2：我估算的少了。我估算的距离是 1 千米，可实际距离是 2 千米。大概是因为妈妈骑电动车送我上学，所以我才觉得学校离家很近。

学生先估算距离再测量实际距离并进行对比的这一过程，对其量感培养有一定的积极作用。

（三）开展测量活动

量感的形成需要长时间的积累及训练。一些学生对于物体量的感知通常不太清晰，因而可通过参与测量活动积累经验，形成量感。

例如，在“时间单位”教学中，开展“1 分钟”计时活动，要求学生在 1 分钟内按照规定完成一些事情，比如踢几个毽子、规范书写几个字、准确计算几道题等。在讲解“重量单位”时，开展称重活动，要求学生为身边的物品称重，比如称取书包、水杯、铅笔盒等的重量。在教学“长度单位”时，开展测量长度活动，要求学生测量铅笔、自己的大腿等的长度。在讲解“面积单位”时，开展测量面积活动，要求学生测量书本、课桌等的面积。通过参与一系列测量活动，学生不仅加深了对量的理解，明确了时间、长度、面积的意义，也减少了乱用单位的情况。

综合而言，对于能够直观感受到的物体，可以利用丰富的素材，引导学生了解量的大小；对于比较抽象的单位，可以联系生活实际，帮助学生理解计量单位。

第五节　数感与量感的契合发展

数感和数感都是形成数学抽象能力的经验基础，二者关系密切、相辅相成。曹培英老师在《跨越断层，走出误区》一书中表示，数感是关于数的感觉和理解，是数的抽象意义与数的具体意义的统一，是一种自觉地基于数学的或现实的问题情境，解释数和应用数的意识与能力。在现实生活中，没有抽象的数，只有数与量的混合体，培养学生的数感必然涉及事物的量。教师应积极构建培养学生数感和量感的学习平台，依托课堂教学，综合提升学生的数学核心素养。下面以“长度单位”教学为例，分析如何培养学生的数感和量感。

一、“长度单位”教学难点

“长度单位”属于新课标数学十大核心素养中“几何直观”领域内容，是学生发挥应用意识，理解、换算面积及体积单位的基础。小学阶段涉及的长度单位包括毫米、厘米、分米、米、千米。厘米和米的相关内容出现在北师大数学教材二年级上册第六单元“测量”中。由于厘米和米的长短差别大，因此学生较容易理解二者之间的关系。二年级下册第四单元“测量”出现了毫米、分米、千米三个长度单位，首次让学生解决“7 米 =（　　）分米”“70 毫米 =（　　）厘米”这样的单位换算问题。

教师用书建议，通过两三个课时的教学，学生能够感受、分辨已经学过的 5 个长度单位，明确每两个单位之间的关系，灵活应对各种单位换算的变式题。很多教师反馈，在完成新课教学后，综合练习的效果往往不理想，特别是非相邻长度单位的换算。而在二年级之后，教材中就没再出现有关长度单位的内容。相比具有“螺旋式上升”特点的教学内容，教师用以引导学生消化长度单位知识的周期并不长。如何用较短的周期和较少的课时，通过有效的教学策略帮助学生更好地掌握这部分知识，是摆在教师面前的现实问题。

二年级学生正处于由前运算阶段到具体运算阶段的过渡时期。教育教学要基于学生认知发展水平展开，这是达成育人目标的基本保证，也是确保教学效果的关键条件。

二、“长度单位”教学分析

在初授毫米、厘米、分米、米这几个单位时，教师可以展示单位的实际长度，让学生在尺上找一找、画一画这些长度单位。这是一种很好的教学方法，能够让学生直观感受新知，在头脑中建立正确的长度单位表象。在教学这部分内容时，可以让每个学生自备一个 3 米长的卷尺，引导学生一次次完成学习任务，将所学知识完全内化。

【教学片段 2】

教学目标：毫米、厘米之间的转化。

师：请在尺上找出 50 毫米。找得最快的同学说说你是怎么找的，需要一格格地数出 50 个毫米吗？

生：尺子上每 10 毫米是 1 厘米。想找到 50 毫米，只用找到尺子上的 5 厘米就行啦！

师：你可以写出换算等式吗？

生：50 毫米 =5 厘米，5 厘米 =50 毫米。

师：请大家在软尺上继续找出 70 毫米、40 毫米、85 毫米，和伙伴说说你是怎样找的，并写出你摸索出的换算等式。

虽然普通软尺上有一格格的毫米标识，但是并没有针对毫米长度的数字标记。诚然，学生可以一格一格地数出具体毫米数，这种方法简单、原始、有效，却耗时又耗力。相比较而言，软尺上每 10 毫米被标记为 1 厘米（这一点与教学新知相契合），有 1 厘米、2 厘米、3 厘米等数字标记。学生找厘米比找毫米要轻松、快捷得多，于是自然地将“寻找 50 毫米”这个任务转化为“寻找 5 厘米”。这不是教师强迫的，而是任务驱动下学生主动的行为。毫米和厘米的转化原理也就清晰明了了。在这个过程中，软尺功不可没。通过它，学生有观察、有思考，实现了从直观具体到抽象概括的跨越。

【教学片段 3】

教学目标：厘米、分米之间的转化。

师：请在尺上找出 5 分米。找得最快的同学说说你是怎么找的。

生：1 分米是 10 厘米。我只要在尺子上找到 50 厘米就可以了。

师：你可以写出换算等式吗？

生：50 厘米 =5 分米，5 分米 =50 厘米。

师：请大家在软尺上继续找出 8 分米、2 分米、9 分米，和伙伴说说你是怎样找的，并写出你摸索出的换算等式。

由于在新授课中，学生已经知晓分米与厘米的关系，而且软尺上既没有分米的明显标识，也没有相关数字标记，所以学生最有效的做法是直接找出对应的厘米数，这个过程就是单位转化的过程。

【教学片段 4】

教学目标：厘米、分米、米之间的转化。

师：你们能够在尺上找到 2 米吗？是怎样找到的？

生：1 米是 100 厘米。想找到 2 米，只用找到 200 厘米就可以了。

师：如果只能数分米，那么多少分米能组成 2 米呢？

生：数出 20 分米就能找到 2 米。

师：你可以写出探索出的换算等式吗？

生：200 厘米 =2 米，20 分米 =2 米。

在上述案例中，教师以驱动性问题引导学生用指定长度单位，而非学生自主使用最"便利"的长度单位，表示要找的长度。学生借助软尺探索不同长度单位的换算规律，理解会更深刻。

新课标第一学段课程目标为"经历从日常生活中抽象出数的过程，初步认识小数”“发展数感”等，课程内容为“能结合具体情境初步认识小数，能读、写小数”等。在下面这个教学片段中，学生可直观感知长度单位，探究小数的意义。

【教学片段 5】

探究问题：淘气的身高是 1 米 3 分米，用小数如何表示呢？

师：我们已经学过的哪些知识可以帮助我们解决这个问题？

预设 1：米和分米之间的换算关系。

预设 2：分数的相关知识，比如分数的意义。

师：如图 2–1 所示，0.1 米表示什么？在图中的什么位置呢？0.2 米、0.3 米、0.7 米呢？请你在下图中标一标，思考一下，你有什么发现？

1 米 3 分米 =（　　）米

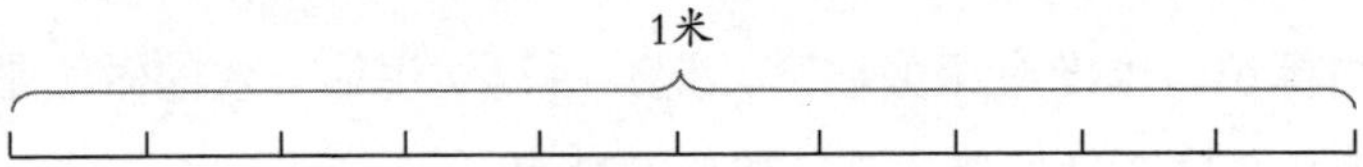

图 2–1　1 米的示意

预设 3：我是这样想的，1 米 =（　　）分米，如图 2–1 所示，将 1 米平均分成（　　）份，其中的 1 份就是 1 分米，也就是 $\frac{(\quad)}{(\quad)}$ 米，1 分米还可以用小数表示为（　　）米。

3 分米是 $\frac{(\quad)}{(\quad)}$ 米，还可以写成（　　）米。1 米 3 分米写成小数就是（　　）米。

预设 4：由生活经验可知，图 2–1 上一小格表示的是 1 分米。

预设 5：0.1 米，也就是 1 分米，在图 2–1 中将 1 米平均分成 10 份，1 分米也就是 0.1 米表示这样的 1 份，如果用分数表示就是 $\frac{1}{10}$ 米。

预设 6：0.1 米 = $\frac{1}{10}$ 米。

在本案例中，教师结合学习单，以“1 米 3 分米若只用米做单位，应该怎么表示”这个问题为驱动，借助几何直观，引导学生理解小数的含义。出示把 1 米平均分成 10 份的线段图，为学生用分数表示米和分米的关系提供直观支撑。在提问环节，让学生先找一找 0.1 米、0.2 米等在线段图上的位置，方便学生发现一位小数的含义，建立一位小数与分母是 10 的分数之间的联系，从而理解一位小数的含义。

三、课堂小结

由于课堂时间有限，学生进一步学习长度单位换算的一个方法是在实际生活中运用已有知识解决现实问题。

综上而言，只有根据学生的认知规律和思维特点展开教学，为学生创造更多的实践探索机会，才能充分调动学生的学习积极性，取得更好的教学效果。

第六节 数感与数量推理的协调发展

一、关于数感概念的理解

数感是学生理解数的意义、体会数量规律、形成抽象能力的基础能力。儿童数感发展分为四个层次：数感觉、数符号、数能力、数思维。

【情境 1】

妈妈：2 减 1 等于几?

女儿：等于 1。

妈妈：真棒，10 减 10 等于几?

女儿：不知道。

妈妈：妈妈给你举个例子，你口袋里有 10 块糖，回家后，你发现糖全丢了，那你口袋里还有什么？

女儿：还有一个洞。

……

妈妈：看一下桌子上有多少钱？

女儿：10 个 1 角。

妈妈：10 个 1 角是多少钱？

女儿：10 角。

妈妈：10 角是多少钱？

数是对数量的抽象，数量之间的基本关系是多与少。儿童认识数字 1 ~ 9 是一个比较平滑的线性认知过程，但认识 0 和 10 是量变的过程，此过程对儿童的生活经验及抽象能力有一定要求。

【情境 2】

师：10 加 10 等于多少？

生：20。

师：200 加 200 等于多少？

生：400。

师：400 加 400 等于多少？

生：800。

师：那 800 加 800 等于多少呢？

生：16 百。

“16 百”这个答案也不算错，为什么大家会会心一笑呢？这是因为儿童运算的直觉惯性，只进行相同数位累加，少了满十进位这个一步转换，没有得出最佳计数结果。

【案例 1】

20300000000=203 亿

61000000000=（　　　）亿

学生错例：61 亿

对于大数的分级读写，教师可引导学生观察这两个数，通过比较这两个数的位数多少或字符长短，感悟到两数最高计数单位是相同的，从而根据第一题能直接读出第二个数；或者答题之后，能够下意识发现两题必有一错。

二、关于数量推理概念的理解

（一）数量推理的概念

数量推理是将各种情况分析成包括数量和数量之间关系的数量结构。牛津大学努内斯教授在《从动作思维到数学模型》一书中表示，数具有指示意义和分析意义。数的指示意义就是用数代表数量。数量推理是基于数的指示意义，注重数量之间的关系。

【案例 2】

在方框中填写数轴上对应的数。

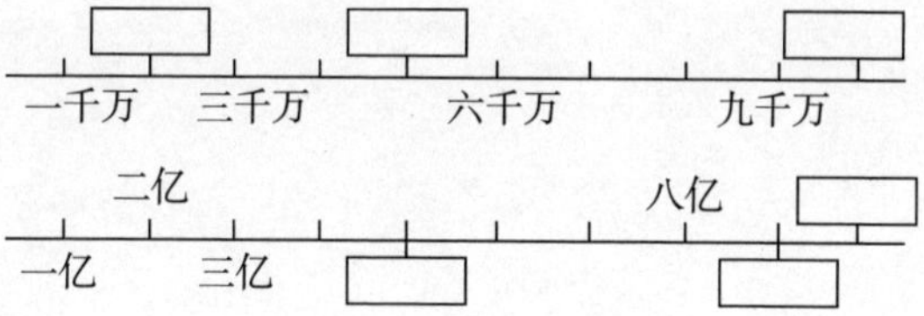

根据格尔曼计数三原则（格尔曼教授认为，儿童的计数行为遵循三个原则：固定顺序原则、一一对应原则、基数原则），有些学生计数没有遵循固定顺序原则，没有形成相同数量单位在数轴上按序排列等距性的直觉。新课标强调：初步体会数是对数量的抽象，感悟数的概念本质上的一致性，形成数感。

（二）数量推理——加法推理和乘法推理

加法推理是基于由部分—整体关系连接的量；乘法推理是基于由固化比率关系连接的量。加法推理可以细分为六种动作图示——加入与拆分，均衡与比较，分割和分享。乘法推理是通过数量之间建立一对多的对应关系来推断数量的多少，最简单的类型涉及两个由固定比率连接的量。

第三章　小学生数感培养的实施载体

第一节　在数的概念教学中培养小学生数感的内涵及基础

数的认识是小学数学教学的重要内容，也是学生数学学习的基础。由于教材对数学概念、数学规律等内容是分段编排的，因此教师必须透彻研读、梳理教材，关注知识的关联点，构建完整、系统的知识结构，才能取得较好的教学效果。

一、教材梳理

在小学阶段，对数的认识的相关内容大致分为以下几块。

一是整数。整数包括正整数、负整数和零。其中，正整数和零统称为自然数。自然数是人类最早用来描述周围世界数量关系的概念，学生首先认识的是自然数。数从表示数量的多少到同时表示相反方向的量，负数的出现是数的概念发展的一个飞跃。

二是分数。在表达平均分的结果时，我们会遇到数比 1 小的情况，如“一半”“小半”等，用自然数表示这样的结果显然不可能，于是分数出现在人们的视线中。把单位“1”平均分成若干份，表示其中一份或者几份的数就是分数。

三是小数。在度量可以分割的量时，人们常常把作为单位的量细分为它的十分之一、百分之一、千分之一等，比如元、角、分或米、分米、厘米等，这样就得到一个以 10 的幂作为分母的特殊分数，即十进分数。为了应用上的方便，人们把十进分数改用位置值的记法，这就是小数。在有理数的范围内，小数实际上是一种特殊的分数，是分数的另一种表现形式。

对数的认识，大致分为5个层次：数的意义、数的表示、数的读写、数的大小比较、数的估计。其中重点是数的意义，它是学习数的大小比较、数的估计的基础，也是数感建立的基础。

二、概念内化

（一）设计趣味活动

数学知识对于小学生来说是枯燥的、抽象的。在小学阶段，学生要学习整数、小数、分数等数的概念，如果单纯地让学生学、背、算，学生很难具体、深刻地理解数的概念。同时，数的概念的建立不是一蹴而就的，而是需要经历一系列过程。因此，教师要注重根据学生已有的知识经验，设计趣味性较强、有特殊意义的活动，让学生在活动中对数有充分的认识和理解，使学生更具体、更深刻地把握数的概念和作用，逐步建立数感。

这一活动的设计，将千以内数的组成、用不同方式表示千以内的数、千以内数的读写法以及大小比较等，都融合在一个活动中，学生在活动中不知不觉地内化了对数的学习。

（二）用不同的形式表示数

为进一步加深学生对数的认识，教师要引导学生运用多种方法表示学过的数，这也是学生数感的重要表现。例如，对于285这个数，学生可以用加法的形式表示，也可以谈数的组成，或者借助直观模型画出这个数，还可以在计数器上拨出这个数，说出这个数在哪两个数中间，它的近似数是300，等等。

（三）感受大数的意义

在数学中，数的概念本身就是抽象的，特别是大数，距离学生的生活实际较远，学生理解起来比较困难。这就需要教师积极创设贴近学生生活实际或者学生感兴趣的情境，采用互动、实践等教学方法，激发学生的学习兴趣和热情。例如，将计数单位教学与生活中常见的量相结合——千人、万人、十万人到底有多少，千元、万元、十万元有多少等，使学生对这些生活中常见的大数有直观感知。

（四）“善待”错误

学生在建立数的概念的过程中，难免会出现各种错误。没有错误的课堂是不真实的，但教师可以通过长期的实践教学总结出学生大致会在哪儿出错、犯什么样的错，针对易错点或易错题型进行强化教学，让学生经历错误、改正错误，在关键处、易错处“做文章”，使数感培养明晰化、真实化。

例如，在读小数、写小数时，由于学生只是凭经验读、写，所以经常会读错或写错。教师要引导学生多听一听正确的读法，想一想小数该怎样读，再试着自己读一读。通过这样的交流甚至是争论的过程，学生便会逐步掌握小数的读法、写法。

三、概念运用

在应用和评价环节，教师要围绕数的意义、数的表示、数的读写、数的大小比较、数的估计等方面，选取现实的、有趣的或与学生已有知识相联系的素材，设计综合性的练习，检验学生数感发展情况。

总之，数感的形成不是通过一节课、一个单元或一个学期的教学就能完成的，而是一个潜移默化的过程。数的概念是数学教学中的基础内容，教师要在课堂上落实新课标的要求、创新教学方法，真正有效地培养学生的数感。

四、策略探究

数的概念是抽象的，单独一个数字的意义和价值并不大，只有与具体情境结合，才会具有实际意义。因此，在认识数的过程中多接触和经历相关情境，能更好地理解数的本质，产生并发展数感。

（一）在操作活动中产生数感

设计比一比、猜一猜、摆一摆、量一量等趣味数学活动，鼓励学生用数字定量刻画事物，促进学生主动学习，获得全面发展。例如，“小数的初步认识”一课，让学生填一填每种商品标注的单价是多少元，表示几元几角几分，并在此基础上说一说，互相交流，如 3.15 元就是 3 元 1 角 5 分，借助具体的量（元、角、分）初步认识小数。通过参与趣味数学活动，学生经历了小数的产生过程，自然会从数学的角度去思考问题、解决问题。

（二）在数形结合中理解数感

小学生的思维特点是以具体形象思维为主要形式，数形结合是小学生最为常用的一种思想方法，这种方法将抽象的符号、隐藏的规律显性化，利用图形来解决问题。例如，“小数的初步认识”一课，如果不利用数形结合的方法，直接表示十分之几可以写成零点几、百分之几可以写成零点几几、千分之几可以写成零点几几几，相信没有几个学生能理解小数的意义。小数的概念较为抽象，必须化抽象为具体才便于学生理解。而图形直观易懂，将抽象的数学语言与直观的图形相结合进行教学，才能有效突破教学难点。

在教学这一课时，可以制作价格标签，把 1 元平均分成 10 份、100 份，那么 0.1 元就对应 1 角，0.01 元对应 1 分，学生观察纸币面额就能理解对应小数的意义。恰当地利用数形结合思想将抽象的数学问题直观化、生动化，是数感培养的关键一步，也是学生深入理解数的概念的基础。

（三）在迁移类推中发展数感

数学知识是一种网状多联结构，后续知识都是在前面所学知识的基础上迁移与发展而来。这种前面所学对后面所学的影响就形成了知识的迁移。在数的概念教学中，如有相似的教学结构或情境，教师要善于引导学生总结学习过程、领悟学习方法，自主运用迁移类推的方法进行拓展学习，加深对数的概念的理解。例如，“小数的初步认识”一课，在会读、会写一位小数和二位小数后，让学生自主探索三位小数的意义，并以此类推四位小数、五位小数的意义，发展数感。

（四）在实际生活中丰富数感

用数学的眼光观察现实世界，用数学的语言表达现实世界，用数学的思维思考现实世界，感受数学在日常生活中的作用，以积极的心态投入学习，发展数感。例如，“小数的初步认识”一课，设计大量贴近学生实际生活的题目，让学生结合生活经验进一步理解小数的意义。

第二节 分数教学对小学生数感的培养

分数的产生经历了漫长的过程，是人类对数的认识的一次重大飞跃。当古人开始将一个物体一分为二，就产生了最为原始的分数概念。现今各版本小学数学教材中关于分数的编排大同小异，主要分为两个学习阶段：小学第二学段初步认识分数，小学第三学段进一步认识分数。下面介绍几种分数教学中培养学生数感的策略。

一、分数教学数感培养策略

（一）“种子课”设计

特级教师俞正强在《种子课》一书中指出：“如果将某一知识系统看作一棵树，这棵树的生长过程就表现为若干节‘课’，那么一定有些课需要‘莳也若子’，充分理透脉络；一定有一些课可以‘置也若弃’，让学生充分自主。”他将这样通常处于起点或节点的课称作“种子课”。分数的初步认识、分数的再认识、百分数的认识等概念的初始课就是“种子课”，是培养数感的重要契机。

在人民教育出版社（以下统称人教版）小学数学三年级教材中，“分数的初步认识”这一单元的教学重点是初步认识几分之一、理解几分之一的意义、分子是一的同分子分数比较大小、掌握分数单位，以及用涂色、折纸、线段图等方法表示分数。而在北师大版教材中，“认识分数”这一单元则不止出现了分子是 1 的分数，在“试一试”部分，学生通过涂色活动理解了图形的 1 份、2 份、3 份、4 份所表示的意义。虽然两版教材中此部分内容编排略有不同，但目标都是让学生初步认识分数、理解平均分的意义。

以北师大版教材“分一分（一）”一课为例。学生初次接触分数，会用“一半”“0.5”这样的词或小数表示部分与整体的关系。只要引导学生理解二分之一的意义，即将一个物体看作一个整体，把它平均分成几份，其中的一份就是它的几分之一，就能加深学生对分数的认识，使其从根本上理解分数的含义。因此，教师可以在课堂导入环节创设学生熟悉的生活情境，让学生体会部分与整体的关系，自主探究、解释分数的意义；学生经历了分数的诞生、想分数、找分数的过程，从认识二分之一，逐渐认识更多的分数。

“分一分（一）”一课的教学将知识点串联起来，学生从较容易掌握的平均分入手，从最为熟悉的“一半”“0.5”开始经历分数的产生过程，理解二分之一所表示的含义，进而理解几分之一，为几分之几的学习奠定基础。本课的探究环节比较简单，关键是教师用不断的设问引导学生深度思考，加强对学生数感的培养，有效达成教学目标。

（二）数形结合思想

分数不仅可以表示具体的数值，还可以表示整体与部分的关系。对于分数本身而言，当它们表示不同类型的量时，看似彼此之间毫无联系，实则可以运用数形结合思想，即通过数与形之间的对应和转化来解决数学问题。

【案例1】

把一根铁丝剪成两段，第一段的长度是原来全长的$\frac{4}{7}$，第二段的长度是$\frac{4}{5}$米，两段相比，(　　)。

A. 第一段长　B. 第二段长　C. 两段一样长　D. 不能确定

错误类型一：选B。学生认为，$\frac{4}{7}$和$\frac{4}{5}$米都表示铁丝的长度，当两分数比较大小时，分子相同，分母越小，结果越大，故$\frac{4}{5}>\frac{4}{7}$。

错误类型二：选D。学生知道$\frac{4}{7}$表示整体与部分的关系，$\frac{4}{5}$米表示铁丝的长度。但他们认为这两者是不同类型的量，彼此之间孤立，无法比较。

概括而言，答错者对数学概念的抽象理解能力较差，教师应引导学生运用数形结合思想，将复杂问题简单化、抽象问题具体化，将分数中分母、分子和所分图形或者物体建立联系，根据题目所给的条件画出图形，从而找出解题规律，进而理解分数的含义，解决数学问题。

（三）抓住数量关系

数感主要是指对数与数量、数量关系以及运算结果的直观感悟。良好的数感是学生形成抽象能力、理解数的意义和数量关系的经验基础。有的题目中的数量关系一目了然，有的则比较抽象、隐晦，无形中增加了学生寻找数量关系的难度。

【案例 2】

比较以下两种说法，看看它们是否有区别：男生人数比女生人数多$\frac{1}{4}$，女生人数比男生少$\frac{1}{4}$。

一些学生看到这两种说法时，认为两者没有区别，这显然是错误的。学生受到过往学习整数、小数比大小的干扰（A 比 B 多几，等价 B 比 A 少几），导致遇到这些数量关系时，第一反应就认为，A 比 B 多几分之几等价于 B 比 A 少几分之几，殊不知分数表面上是其中的一份或几份，其实表示的是部分与整体之比。“比”的定义将分数扩展为一部分与另一部分之比，当变换比的对象后，对应的结果也发生变化。该题对于学过“比”的学生来说比较容易理解，但对于五年级的学生来说难度有点大。处理这类问题通常把“比”后面的量作为基准量，把基准量平均分成相应的份数，另一量根据基准量进行调整。

【案例 3】

一根绳子，剪去$\frac{3}{4}$后，还剩 15 米，那么剪去$\frac{3}{4}$米后，还剩（　　）米。

学生看到这类较为复杂、抽象的题目后，不知从何处下手，最终答案五花八门。造成这种局面的原因，一是学生不会从题目中找出隐含的等量关系，二是学生弄错了数量与对应量之间的关系。

对于这种信息或数量较多的题，教师要鼓励学生学借助线段图来帮助自己理清题中的数量关系，在相应的图上标出数量，最后转化为自己熟悉的问题，得到答案。这也暗示教师要注重培养学生分析问题、提出问题、解决问题的能力。

（四）辨析单位“1”

根据分数的意义，可以把一个、多个、多组物体看成一个“整体”，即单位“1”，它也是今后学习百分数的重要基础。

【案例4】

水果店运来一批水果，第一天卖出这些水果的$\frac{1}{3}$，第二天卖出剩下的$\frac{1}{3}$，还剩水果总量的（　　）。

大部分学生的计算结果是$1-\frac{1}{3}-\frac{1}{3}=\frac{1}{3}$。对于这种偷换单位“1”的情况，往往是缘于学生缺乏判定能力，他们把“卖出剩下的$\frac{1}{3}$”，理解为“卖出这些水果的$\frac{1}{3}$”。事实上“第二天卖出剩下的$\frac{1}{3}$”，此时的单位“1”不再是这堆水果，而是减去第一天销量后剩下的水果。对于这种出现两个单位“1”的情况，要以题中的总量单位“1”作为标准量，再转化另一个单位“1”。故该题中，第二天卖出的单位“1”是这堆水果的$1-\frac{1}{3}=\frac{2}{3}$，第二天卖出这些水果的$\frac{2}{3}\times\frac{1}{3}=\frac{2}{9}$，还剩水果总量应为$1-\frac{1}{3}-\frac{2}{9}=\frac{4}{9}$。

对此，教师要培养学生分析关键句子、提取关键字眼的能力，注意题干中前后句的差别，多多渗透转化思想，让学生学会处理多个单位“1”的情况。

（五）建构分数、除法、比的知识体系

分数的意义是把单位“1”平均分成若干份，选择其中的一份或几份用分数表示；除法的意义之一是把具体的数量平均分成若干份；比的意义是将两个数相除。在实际教学中，一些学生分不清楚三者的区别。

【案例5】

一根铁丝长$\frac{3}{7}$米，把它平均分成4份，每份长（　　）米，每份占全长的（　　）。

这道题中出现的多余条件制造了“烟幕弹”，使学生无法判定哪个条件有用、哪个条件多余，给学生解题造成困扰。第一空是从除法的意义出发，用具体数量除以它的份数，即$\frac{3}{7}\div 4=\frac{3}{28}$；第二空则是根据分数的意义分析、解答问题，将铁丝看成一个整体，把整体平均分成4份，其中的一份用$\frac{1}{4}$表示。

数学学习是构建、解构、重构的有机整合过程，因此教师应设计具体情境让学生通过动手操作等方式解决问题，深化对分数和除法的理解。

数感培养基于数学教学设计与策略，把握好以上5种数感培养策略，就能有效突破分数教学难点，提升学生核心素养。

二、分数教学数感培养的着力点

分数因其应用的广度和深度，成为小学数学教学的重点和难点。分数学习大致分为经历平均分活动、初步认识分数、分数的再认识、分数的意义、比的认识等几个阶段。教师在分数教学中应把握好以下着力点。

（一）经历等分单位（整体）的过程

分数的原始意义，产生于“等分割及再合成其份数的活动”，这是分数概念发展的基石。分数是一个过程性概念。因此，教师一定要让学生经历实际操作或心理操作等分割及再合成其份数的活动，充分运用直观和形象的手段，让学生在具体的情境中动手操作，感悟分数的意义。其中，操作活动应注意“三变三不变”。

一是改变分割的方式，不改变平均分的实质。例如，把一张长方形纸平均分成2份，可以横着对折，也可以竖着对折，还可以沿对角线斜着折，但要分得每份的大小都相等。

二是改变分割的对象，不改变整体的实质。第一阶段为分割不同的连续量，如平均分割一个蛋糕、一张纸……（可改变其形状、大小）；第二阶段为分割不同的离散量，如一盘苹果、一筐苹果（可改变容器、数量）；第三阶段为综合对比分割不同的量，如把一个苹果、一筐苹果、一条线段……平均分成4份，取1份。

三是改变平均分的份数和取的份数，不改变部分与整体的关系。例如，把一张圆形的纸平均分成2份，取1份；平均分成4份，取2份；平均分成8份，取4份……通过这些有目的、有重点、有层次的操作活动，建立部分与整体之间的关系，完善对分数的认识，正确建立分数的概念。

（二）理解分数的多重意义

小学的分数教学往往只强调分数表示部分与整体的关系，实际上分数的本质比较多元，具有多重意义：一是表示部分与整体的关系，二是表示两个量相除的结果（商），三是表示子集与集合的关系，四是表示两个量的比较结果（比值），五是表示数轴上的一个数值或点。教师应当按照数学教材的编排顺序，突出重点、分步推进，逐步引导学生理解分数的意义及内涵，灵活地解决有关分数的实际问题。

（三）正确认识单位“1”

单位“1”是给分数定义、建立分数概念的重要前提。正确地认识单位“1”，对于建立分数概念至关重要。但是，在分数意义教学中，有些教师重“1”不重“单位”，单位“1”的1不加引号，甚至误认为单位“1”就是自然数“1”。其实，1979年版的《辞海》就对“分数”进行了定义：“把单位分成若干等分，表示这样的一份或几份的数称为‘分数’。”“单位‘1’”应为“单位”。单位“1”实际是指“整体量”或“单位量”。一个物体、一个图形、一个计量单位、一些物体等都可以看作一个整体，即单位“1”。单位“1”不仅表示一个，也可以表示由多个事物组成的整体，它体现了数学高度抽象概括的特征。教学分数时，我们要特别注意引导学生从微观世界到宏观世界去认识单位“1”，不要局限于学生熟悉的、常见的事例，应适当从宏观世界举些例子，如一个国家、全世界、整个地球，不论其数量多少、体积大小、质量轻重，都可以把它看作一个整体，用单位“1”表示。强化学生的整体意识、单位意识，为牢固地建立分数概念夯实基础。

教学分数单位，不少教师以为简单，往往轻描淡写，导致教学达不到实效。

例如，把 4 个桃子平均分给 4 只小猴，每只小猴分得这盘桃的几分之几？有的学生写出$\frac{1}{4}$，当教师问大家这里的“1”表示什么时，不少学生回答表示“1 个”。12 个小方块，每行 4 个，有 3 行。要求学生看图涂色表示$\frac{1}{4}$时，有些只在一行 4 个方块中涂了 1 个。这都说明学生并没有真正理解分数的意义、分数的单位，不知道分母是指分割的所有份数、分子是指所取得的份数，而不是指个数。

又如，有些学生以为分数单位像整数单位一样是固定不变的。其实，分数单位是可以再分割或再复制的。可以将某个分数单位分割成数个等价的低价分数单位，也可以将数个该分数单位集聚成为一个高价的分数单位。

再如，在比较分数大小时，学生往往会认为比$\frac{2}{5}$大又比$\frac{3}{5}$小的分数是没有的，其实任意两个分数中间存在无限多个分数。最大的分数单位是$\frac{1}{2}$，而不是$\frac{1}{1}$。因为一般来说，分数单位定义中所说的“若干份”不包括“1 份”，否则就难以说清。此外，分数单位没有最小的。

（四）分数的独特性质

不同的分数，可以有相等的值；相同的分数，实际大小可能不等值。例如，在比较$\frac{1}{2}$和$\frac{2}{4}$的大小时，常常有学生误以为分母大的分数，其值比较大。其实，由于分数是表示部分与整体的关系，如果等分整体的方法不同，分割的所有份数和所取得的份数会发生变化，会得到不同的分数，但是它们的量没有变化，其值是相等的。也就是说，分数可以有不同的名字，但却代表相同的量，这就体现分数的基本性质，这是与整数完全不同的。另外，有些学生误以为分数相同，其表示的实际大小是相同的。其实，相同分数表示的实际大小并不一定相等。

（五）分数符号、名称、读写顺序与分数意义的一致性

教学分数时，有些教师不太关注分数符号、名称、读写顺序与分数意义的一致性。学生受已有知识和经验的影响，往往会发生错误。例如，把一个分数符号看成两个孤立的数，写分数从上往下写，等等。分数是一个过程概念，简单地说，就是先分后数；具体地说，先等分整体，再数一数分了多少份，取了多少份；通俗地说，分数就是表示等分整体所取部分结果的数。

分数符号由三部分组成一个整体，它包含分法、总份数、表示的份数这三个要素，比较形象、直观地体现分数的意义。分数的写法是与分数形成的程序及意义是一致的。写分数不能按照汉字书写笔顺从上往下写，而应先写分数线，再写分母，最后写分子。这样写有三个好处：一是与分数意义相一致，先要表示平均分，再表示平均分了多少份，最后表示取了多少份，有利于理解分数的意义；二是与分数的读法（顺序）保持一致，便于读得准、读得快；三是便于确定分数线的位置，易于居中，在一行中不会因写得偏上或偏下而不美观。分数的读法，与分数形成及意义也是一致的，先读分母上的数，再读分子上的数，而且要读出“分”，而不能读成“份”。

（六）分数概念蕴含的数学思想

有些教师在分数概念教学中往往忽视分数概念所蕴含的数学思想，这样不仅不利于学生正确地建立分数概念，而且不利于发展学生的数学思维。分数概念蕴含着转换思想、等价类思想、公理化思想、函数思想、数形结合思想等。教师特别要关注它所蕴含的转换思想、等价类思想。分数的转换思想体现在分数的化聚、通分等方面。例如，3 个$\frac{1}{4}$可以合成$\frac{3}{4}$，$\frac{3}{4}$可以看作 3 个$\frac{1}{4}$合成的结果。又如，比较$\frac{3}{4}$和$\frac{5}{8}$的大小，要将$\frac{3}{4}$转换为$\frac{6}{8}$再比较。再如，分数与除法、比的沟通，就涉及表现形式的转换。分数具有无量纲性（不带单位的量），它们是等价的。根据分数的等价思想，可以把许多不可比的状

态变成可比的状态，例如，一盒饼干的$\frac{1}{2}$与一张纸的$\frac{1}{2}$，虽然它们所代表的实际意义是不相同的，但是从部分与整体的关系来看，是等价的。

（七）分数蕴含的文化因素

分数是人类文明的产物，我国很早就有了分数，最初用分成上下两部分的算筹表示一个分数。后来，古印度人发明了阿拉伯数字，用与我国相似的方法，以上下两部分的数字表示一个分数。再往后，阿拉伯人借用除号中间的短横线，放在上下两部分数字的中间，变成现在这样形式的分数。这样让学生了解分数的发展史，有利于学生知道分数是不断简化、优化的，分数是表现较为复杂过程最简明的符号。分数的读法隐含了古汉语的知识，如“二分之一”就是一个古汉语词语，其中“分”是“等分”的意思，“之”是“的”的意思，整个词语就是“等分成二份中的一份”的意思。教学时可以先说具体完整的意思，再用“二分之一”来概括，这样既有利于学生真正了解“二分之一”的含义，又能让学生从中体会古汉语的简练。分数各部分的名称蕴含现实生活和汉语修辞的元素，表示（取）的份数与分的份数之间的关系，好像孩子与母亲之间关系，有了母亲才有孩子，孩子是母亲身上掉下的肉。前人借用这种关系，将分的份数称为“分母”，表示（取）的份数称为“分子”，通俗易懂又好记，这样既能激发学生学习兴趣，又有利于学生理解分数的意义。

第三节　平均分教学对小学生数感的培养

在核心素养中，数感是最重要的能力之一，其主要是指关于数与数量、数量关系、运算结果估计等方面的感悟。作为一种感悟，数感的建立需要有效的载体，这与除法运算的教学过程不谋而合，丰富的内容和形式有助于数感的培养。下面以除法的学习脉络为载体，借助对平均分的理解，阐述在除法学习中数感的形成与发展。

一、除法学习的几个重要阶段

（一）从分物游戏到整数除法

通过参与分物游戏亲身体验“分”的过程，将平均分与除法联系起来，从平均分的角度理解除法及除法意义。这是一个从直观到抽象的思维发展过程，也是培养学生数感的重要载体。在此基础上，学生进一步学习有余数的除法、多位数的除法，并建立除法横式、竖式、直观图等之间的联系，逐渐脱离具体的数量进行运算。例如，计算 154 ÷ 22，可以理解为将 154 盆牡丹花平均分成 22 份，或者将 154 理解为 154 元、154 人、154 厘米……不管 154 代表什么，对应的数量关系并没有发生变化，计算时都要先试商，再调商。

（二）从整数除法到小数除法

整数除法和小数除法的本质都是平均分。例如 12.6 ÷ 6，学生能列好竖式，得出结果 2.1，教师只需要提醒把商的小数点和被除数的小数点对齐。如果借助现实模型（如元、角、分）解读运算过程，其实是把 12.6 分成“12 个 1”和“6 个 0.1”，分别除以 6 后再相加，与小数相关的就是把 6 个 0.1 平均分成 6 份，每份是 0.1。在后续教学中，不管是“商中补 0”，还是“除数是小数”，本质都是从整数计数单位向小数计数单位的延伸。

（三）从整数除法到分数除法

在正式学习分数除法之前，学生学习过把一（多）个整体平均分成若干份，了解分数的意义，能够在分数与除法之间建立联系。在学生的认知里，平均分的对象是一个整体，分数除法则是对整体的一部分进行平均分。

【案例 6】

计算 $\frac{3}{4} \div \frac{5}{8}$。

从算法“除以一个不为零的数等于乘它的倒数”来看并不难，但学生很难理解分数的“均分”，那么如何引导学生走出理解困境呢？$\frac{3}{4} \div \frac{5}{8}$，可以理解为“把$\frac{3}{4}$平均分成$\frac{5}{8}$份，每份是多少”或者“以$\frac{5}{8}$为一份，看$\frac{3}{4}$里有多少份”，归结起来就是“$\frac{3}{4}$里有多少个$\frac{5}{8}$”。根据上述理解画线段图，把$\frac{3}{4}$变成$\frac{6}{8}$，该题即变成“$\frac{6}{8}$里有多少个$\frac{5}{8}$”。如果这两个分数同时乘以 8，该题则变成“6 里面有多少个 5”，等价为$6\div5=\frac{6}{5}$，这与$\frac{3}{4}\div\frac{5}{8}=\frac{3}{4}\times\frac{8}{5}=\frac{6}{5}$的运算结果是一致的。

二、从数发展的角度看除法

（一）整数、小数和分数之间的联系

小数和分数的产生都是对“不完整”需求的表达，它们与整数之间联系紧密。整数除法构建了分数与小数之间的联系，分数和小数既能表示结果，也能表示两个量之间的关系。

【案例 7】

$\frac{2}{5}=2\div5=0.4$。

如果把$\frac{2}{5}$、$2\div5$、0.4 都平均分成两份，就得到$\frac{1}{5}$、$1\div5$、0.2；再平均分成两份，就得到$\frac{1}{10}$、$1\div10$、0.1；继续分，则可得到$\frac{1}{20}$、$1\div20$、0.05……在不断被平均分的过程中，它们始终相等。

（二）代数中的除法

用字母表示数与数量关系，为探究问题、解决问题提供了便利。小学阶段只是初步学习用字母表示数，教材编排此内容的主要目的是为初中代数教学做好铺垫。根据分数与除法的转化，$a\div b=\frac{a}{b}$, $b\neq0$是一个高度概括的除

法模型。

三、结论

数的运算过程是学生建立数感的重要过程，既可以帮助学生更好地理解除法的意义、丰富对数的认识，也能有效促进学生数感的形成和发展。数感作为一种直觉、直观的感受，除了除法运算，还有更多的生长点值得探索和深思。

第四节　估算教学对小学生数感的培养

新课标指出，估算教学要引导学生在具体的问题情境中选择合适的单位进行估算，体会估算在解决实际问题中的作用，了解估算的实际意义。估算既是小学数学的重要内容，也是培养学生数感的重要途径。

一、估算教学的主要内容

北师大版数学教材比较重视估算教学，书中专门设置了估算模块。一年级下册“数豆子”一课首次出现“估一估”活动；“摘苹果”一课出现估算专项学习内容“两位数加两位数的估算”，初步培养学生的估算意识。二年级下册“有多少个字”一课首次安排独立课时学习估算，“回收废旧电池”一课出现了三位数加法的估算及应用。

二年级学生在学习长度单位、表内乘除法、整倍数解决问题（去尾法、进一法）的过程中，经历过估算练习，会用大数进行估算。三年级学生学习综合运用笔算及估算解决问题，体会估算的作用。例如，“商是几位数”“电影院”等课，将计算作为解决问题的一个方法进行教学，适时地开展估算，体现出“加强估算”“算法多样化”的改革理念，培养学生“能为解决问题而选择适当的算法”的能力，为后续第二学段教学做好铺垫。

四年级到六年级“卫星运行时间”“有多少名观众”“秋游”“买菜”“包装”等课的教学内容包括三位数乘除两位数、小数加减乘除等，均设有估算任务。第二学段的估算教学都是在现实生活情境中解决具体问题、引导学生体会估算的作用，掌握估算的策略和方法。

二、落实估算教学目标的误区

一是轻视估算教学。一些教师更重视精算教学，如认为运用口算、心算、笔算等计算方法可以很快得到精确的计算结果，再去估算是多此一举。

二是为了估算而估算。尽管估算教学是培养学生数感的重要途径，但一些教师仍只重视灌输理论知识、解题套路，为了估算而估算，教学内容缺乏延续性。

三是忽视实际应用。一些教师只重视理论教学而忽视了估算在实际生活中的应用，应引导学生体会估算的现实意义和价值，选择恰当的估算策略解决实际问题。

三、以教学目标为导向，深度体验估算过程

在三年级下册“电影院”一课中，设置了如下问题。问题 1：“估一估，电影院座位够吗？”学生在具体情境中估算，体会估算在生活中的作用。问题 2：“算一算，电影院有多少个座位？”学生尝试解决实际问题，学习两位数乘两位数的竖式计算的进位法则。问题 3：“三（1）班有 38 名同学，每张电影票 12 元，买电影票需要多少元？”学生应用两位数乘两位数的乘法运算解决简单的实际问题，通过估算判断运算结果的合理性。

由此提炼出教学目标 1：在解决实际问题的过程中，能选择适当的方法进行估算，体会估算在生活中的作用。

教师需要思考：估算在生活中有哪些作用？估算方法有多少种？如何判断估算方法是否适当？如何引导学生体会估算的价值？基于这些问题，本书设计了以下教学片段。

【教学片段 1】

问题：估一估，电影院座位够吗？

师：请同学们先独立思考，再小组交流、讨论，探究估算的方法。

生 1：我的方法是把 21 和 26 都看成 20，20×20=400，座位不够。

师：同学们认为这个方法合理吗？能否判断电影院座位够不够？

生 1：我认为合理，因为 400 小于 500，所以座位不够。

生 2：我认为不合理。如果把 21 和 26 都估成 20，那么 400 肯定比实际结果小，就算 400 小于 500，实际座位数量也有可能大于 500，不能判断座位到底够不够。

师：大家认为他说的有道理吗？如果有道理，那怎么估算才比较合理呢？

生 3：我认为把 21 看成 20，26 不变，20×26=520，肯定比实际座位少，所以座位够。

生 4：我认为把 21 看成 20，26 看成 25，20×25=500，电影院最少有 500 个座位，所以座位够。

师：同学们尝试了多种估算方法，能总结两位数乘两位数的估算方法吗？

生 1：把其中一个数看成最接近的整十数，容易估算。

生 2：可以先把其中一个数看成整十数，另一个数看成接近的整十数或几十五。

生 3：我认为还需要判断实际情况，有的时候需要往小估，有的时候需要往大估。

教师用书指出，教科书中呈现的两种学生可能的估算方法，道理是相同的。为了估算电影院的座位是否能容纳 500 名学生，可以估算出电影院座位数的下限，如果这个下限比 500 大，就说明电影院的座位够了。在整数乘法运算中，如果把两个乘数估小，或者一个乘数不变把另一个乘数估小，积都会被估小，对积与乘数之间的数量关系的这种感悟，就是数感的特征与表现。

这表明，此环节的重点不是分享估算方法，而是通过分享估算方法引导学生体会估算在生活中的作用，培养学生的数感。

继续提炼出教学目标 2：学习两位数乘两位数的竖式计算的进位法则，应用两位数乘两位数的乘法运算解决简单的实际问题，通过估算判断运算结果的合理性。

教师需要思考：什么是运算的合理性？运算的合理性体现在哪些方面？如何培养学生的数学思维？

此环节的重点是掌握进位法则，应用两位数乘两位数的乘法运算解决简单的实际问题，培养学生解决问题的能力。解决问题是本节课的主线，所谓解决问题的能力并非计算答案的能力，而是认真读题、有序思考、抓住关键信息、仔细检查的能力。“通过估算解释运算结果的合理性”这一目标主要落在问题 3 上，于是设计如下教学片段。

【教学片段 2】

问题：三（1）班有 38 名同学，每张电影票 12 元，买电影票需要多少元？

师：求买电影票需要多少元，需要知道什么信息，如何列式？

生：需要知道买电影票的总人数和每张电影票的价格。列式：38×12。

师：（教师板书）我们能先估一估大约需要多少钱吗？谁来试试？

生 1：把 12 看成 10，38 不变，38×10=380，买电影票需要的钱比 380 元多。

生 2：把 38 看成 40，12 看成 10，40×10=400，大约需要 400 元钱。

生 3：把 38 看成 40，12 不变，40×12=480，买电影票需要的钱比 480 元少。

师：大家通过估算知道了需要花费 380～480 元购买电影票。如果老师请大家帮忙买票，400 元钱够吗？如果是你，你会带多少钱？

生 4：我觉得 400 元可能不够，由于最多要花 480 元，所以我会带 480 元。

精确计算（竖式略）：38×12=456 元。

师：估算结果比 380 元多、比 480 元少，说明竖式结果 456 是合理的。

在此环节，学生运用所学知识解决简单的实际问题，通过估算找到购买电影票的金额上限和下限，一方面体会了估算在生活中的作用，另一方面学习了如何通过估算判断运算结果的合理性。这种对数量关系的感悟也是数感的特征与表现。

只有真正感受到估算的价值，才能增强自主估算意识。培养学生的估算意识不是一蹴而就的事情，必须渗透到日常教学之中，有效促进学生数感的发展。

四、小学数学常用估算方法

一是去尾法。即把每个数的尾数去掉，取整十或整百数进行计算。

例如，某旅行社“十一”期间组织了几个旅游团，其中丽江 524 人、黄山 208 人、长城 602 人、九寨沟 310 人、峨眉山 219 人，估计该旅行社“十一”期间共接待多少人。把尾数去掉，取整百数相加，得到：524+208+602+310+219 ≈ 500+200+600+300+200=1800（人）。

二是进一法。即在每个数的最高位上加 1，取整十或整百数进行计算。

例如，28+15+7+24 ≈ 30+20+10+30=90。

三是四舍五入法。即尾数小于或等于 4 的舍去，等于或大于 5 的便入进去，取整十或整百数进行计算。

例如，苹果每千克 4.20 元，1.8 千克苹果应付多少元？ 4.2 × 1.8 ≈ 4 × 2=8（元）。

四是部分求整体。即把一个大的整体平均分成若干份，根据部分数求出整体数。

例如，要估计体育场内的观众数，可以先将每个看台平均分成若干份，数一数其中的一份有多少人，然后估计出一个看台的人数，最后根据一共有几个看台推算出整个体育场的人数。

五是以某一标准进行实际估计。即利用已学过和掌握的计数单位、计量单位等方面的知识对现实生活中的现象进行估计。这种估计有以下三种常见形式。

第一，利用计数单位进行估计。

第二，利用计量单位进行估计。例如，学习了“m”和“cm”等单位，具有这方面的空间观念后，让学生估计课桌的高、黑板的长、教室从地面到窗台的高等。

第三，以某一物体为参照物进行估计。例如，已知门的高度是 2 m，小刚和小丽分别站在门口，根据他们头部所到门沿的位置来估计他们的高度。

六是凑整法。该方法在日常生活中应用最广泛，也是数学学习中基本的估算方法，即把数量看成整十、整百、整千再计算。

例如，17+8+12+24=（17+12）+（8+24）≈ 30+30=60。

七是根据位数估算。

例如，4715 ÷ 23=25，除数是两位数的除法，被除数的前两位比除数大，可以商 2，所以商应该是三位数，于是判断商“25”是错的。

八是取一个中间数。

例如，27、28、24、23 这四个数求和，这些数都接近 25，有的比 25 大一点，有的比 25 小一点，就取中间一个数 25，直接用 25 × 4，就大约能算出这四个数的和为 100。

九是根据运算性质估算。

例如，457+245−178=444，根据“减去的数比加上的数小，其结果应比原数大”，可判断“144”是错误的。

十是根据生活经验估算。

例如，一个蓄水池，有两个进水口，甲进水口单独注水需要 4 个小时，乙进水口单独注水需要 5 个小时，甲、乙进水口同时注水需要几个小时？根据经验可知，甲、乙进水口同时注水肯定比甲或者乙单独注水需要时间少一些。如果有学生算成 4+5=9（小时），说明一定是错的。

又如在计算合格率、成活率或者正确率的时候，答案出现大于 100% 的，肯定就是错的。

十一是利用特殊的数作参照。

例如，126 × 8，就可以想到 125 × 8，就得到了其结果约为 1000。

估算方法多种多样，教师要注意引导学生通过观察、类比、反思获得数学猜想，寻求证据，给出证明或举出反例，真正运用数学语言合乎逻辑地进行质疑、判断、反思。这样，学生自然地就能判断出结果是否正确。

第四章　小学生数感培养的策略研究

第一节　数感的培养技巧及方法

一、数字游戏和拼图

玩数字游戏和拼图是培养数感的有趣方式。做数独、填字游戏、益智游戏等，均能锻炼学生观察数字、逻辑思维、解决问题的能力。通过参与这些游戏，可以增加学生对数字模式的敏感性。

二、数字化思维训练

数字化思维是指通过数字和数据思考与解决问题的能力。培养数字化思维可以提高学生的数感。我们可以通过以下几种方法进行训练。

一是了解数据分析和统计，并了解如何收集、组织和分析数据。

二是学习使用电子表格软件（如 Excel）进行数据处理和分析。

三是学习编程语言，如用于数据处理和可视化的 Python。

三、数量估计训练

数量估计是指在没有精确计算能力的情况下，通过观察和推理问题对答案进行近似计算。数量估计训练可以改善学生对数字大小和关系的感知。我们可以通过以下两种方法进行训练。

一是练习在日常生活中进行快速估算，如在购物时估算总价、在步行时估计距离等。

二是参加数学竞赛中的数量估算问题，如“猜罐子里有多少糖果”。

四、数字阅读培训

数字阅读是指理解和应用数字信息的能力，可以通过以下几种方法训练。

一是进行数字阅读训练练习，阅读新闻报道、统计报告等与数字信息相关的文章，并尝试理解其中的含义和关系。

二是学习如何解释图表和统计数据，如条形图、折线图、饼状图等。

三是参与商业模拟游戏，了解经济指标和财务报表的含义。

五、实践应用数学

运用数学知识解决实际问题，是培养数感的重要方法。教师可以通过以下方法开展实践应用教学：解决日常生活中实际问题，如计算购物折扣、规划旅行路线；参加数学建模竞赛；等等。

第二节　估大、估小与估准

估算与口算、笔算都是计算策略，都是需要经过缜密思维和逻辑推理的一种数学思想的体验。在实际生活中，估算和口算比复杂的笔算更有实用价值。新课标对估算的要求提出了明确的落实点，在第一、第二学段中都单列出了有关估算的教学目标。第一学段：能结合具体情境进行估算，并解释估算的过程。第二学段：在解决具体问题的过程中，能选择合适的估算方法，养成估算的习惯。从以上两个学段的目标中可看出估算教学是离不开“具体情境”和“具体问题”的，这也是估算与口算、笔算的不同之处。又因为估算是指在不需要精确计算的情况下，进行的一种简便的、粗略的快速计算，所以估算与精算相比就有一定的误差。估算的策略是多种多样的，有时估大，有时估小，那么误差多大才算估准呢?

一、估算精度区间对估算策略取舍的影响

根据需要取整的估算自然会估大或估小，从而产生不同的误差。估算不同于求近似数有确切的标准，判断估算的合理性在于其便捷性与精度。其估算精度要在实际案例中的估算精度区间。估算精度区间是实际案例中对误差的限定的范围，超出此区间即为不合理。不同的情境下，估算精度区间是不同的。

【案例1】

1. 某学生：易建联有两米多高！

2. CBA解说员：易建联持球进攻，易建联身高两米一，防守他的球员身高不到两米，相差太远，很难防。

3. NBA球探向俱乐部汇报：易建联是个身高2.12米的大个子。

对同一固定数据，以上三人估算时取近似数精确到的数位是不同的，但都是合理的，这是因为不同的情境下对估算精度的要求不同。

【案例2】

师：请估算198×9。

生1：198×9 ≈ 200×9=1800。

生2：198×9 ≈ 198×10=1980。

生3：198×9 ≈ 200×10=2000。

三人选的都是估大，生1估大了2个9，误差为+18；生2估大了1个198，误差为+198；生3的误差为+218。因为此时重在估算方法的评价，估算精度区间放得很宽，最大心理误差为218，所以大家都认可以上三种策略，优劣之分并不十分明显。但把它放到具体的情境中，就可能会得到不同的判断。

【案例3】

师：学校想为老师购买9台电风扇，每台价格是198元，老师带去1900元钱，请你估算一下，所带的钱够吗？

生1：198×9 ≈ 200×9=1800元，够。

生2：198×9 ≈ 198×10=1980元，不够。

生3：198×9 ≈ 200×10=2000元，不够。

生2、生3的估算方法是正确的，但却与生1得出了相反的结果，与实际情况相比显然也是不合理的。为什么会这样呢？是因为有了“1900元”这个具体数的限制，所以压缩了估算精度区间，此时估算最大心理误差为+18，即精度区间为［0，+18］，误差越小越好，趋向于零。生2、生3的估算误差远超出此范围，所以不合理。

由此也得出多位数乘一位数估算的优化方案，即尽量把多位数估成整十、整百的数，而一位数不变时误差较小。

二、估大再估小找出估准区间

在实际情境中，有时往大里估合理，有时往小里估合理，有时则需要分别往大里估或往小里估，找出估准区间，为寻找准确答案提供参考，从而解决问题。

【案例4】

311÷4 ≈ 320÷4=80。把被除数311估成320，正好对应乘法口诀四八三十二，且被除数的误差控制在4的10倍以内，所以把被除数估大一点比较合理。

311÷5 ≈ 300÷5=60。把被除数311估成300，正好对应乘法口诀五六三十，且被除数的误差控制在5的10倍以内，所以把被除数估小一点比较合理。

【案例5】

一共有260张卡纸，每4张做一个灯笼，大约能做（　　）个灯笼。

A. 55　　B. 65　　C. 75

估大：260÷4 ≈ 280÷4=70（个）

估小：260÷4 ≈ 240÷4=60（个）

把260估成280是估大了，所以商也变大了，实际做的个数应比70个少；把260估成240是估小了，所以商也变小了，实际做的个数应比60个多。由此得出商的估准区间为（60，70），所以很快判断出符合条件的答案为B。

三、估算的应用

史宁中、吕世虎认为，数感是对数的“感悟”，但不只局限于“感觉”或“感知”，还含有思维的成分，这种感悟仅靠书本的学习是不够的，还需要具体的实践活动与反思。数感强调的是对数的一种感悟，是一种对数的整体感知和把握。根据新课标对其的解释，数感是学生对数的一种感悟，这种感悟是学生学习数学知识的基石。下面简要介绍在估算教学中培养小学生数感的几种具体策略。

（一）创设估算问题情境，在学习中生发数感

新课标指出，估算在日常生活与数学学习中有着十分广泛的应用，培养学生的估算意识，发展学生的估算能力，让学生拥有良好的数感，具有重要的价值。估算教学应该贴近学生、贴近现实。因此，教师应通过估算教学调动学生学习估算的积极性，促进学生数感的形成。

【教学片段1】

师：同学们，你们知道吗？一颗纽扣大小的废电池污染的水相当于一个人一生的饮水量。保护环境、保护水资源，人人有责。请看二年级3个班回收废电池情况。

（学生观看电子屏幕的情景图。）

师：估一估，哪两个班回收的废电池数加在一起可以获奖。

生 1:（3）班一个班就 140 多了，加上（1）班的肯定可以获奖。

生 2:（3）班 140 多，加上（2）班的 70 多，应该超过 200，也可以获奖。

……

以上教学片段利用了学生生活中有价值的生活素材，这样的教学才能帮助学生体会估算在生活中的重要作用，体会估算在计算和解决问题中的实际价值，进而发展学生的估算技能，让学生在知识学习中生发数感。

（二）营造思考的氛围，在交流表达中培养数感

估算在教材中所占比例较少，所以教师要重视每一次有关估算教学的课堂，让学生充分思考，促进师生、生生之间的互动交流，使学生在交流讨论中加深理解，培养学生的数感。

【教学片段 2】

师：学校要组织 500 名同学看电影，电影院的座位够吗？请同学们估一估。

生 1：把 21 排看成 20 排，每排可坐 26 人，能坐 520 人，够了。

师：这位同学的估算方法你们理解了吗？

生 1：把原来的 21 估少了都大于学生的总人数 500，所以是够的。

生 2：我有不同的估法，把 21 看成 20，26 看成 25，20 乘以 25 等于 500，够了。

师：你们觉得呢？

生 3：可以的，他把两个数都估小了都等于 500，所以肯定够。

……

有效的交流，不仅能让不同的思维发生碰撞，有利于学生交流各自的想法，而且可以拓宽学生的思路，深化学生对所学数学知识的理解。学生在交流中既可以互相启发、互相学习，又可以让学生明晰每一种估算方法，体会到数学的应用价值，促进学生数感的培养。

四、丰富估算活动，在活动体验中发展数感

新课标在发展学生数感方面作出了要求："能估计运算的结果，并对结果的合理性作出解释。"数学源于生活，用于生活，高于生活。因此，培养学生的数感，就是让学生把习得的知识应用于生活，使学生在解决实际问题中加速认知的建构。通过多种估算活动，让学生在丰富的体验感悟中形成认知，最终内化为认知储备，逐步发展数感。

【教学片段3】

师：请同学们利用刚才所学的知识，独立完成估算练习。谁来说说自己的估算方法。

生1：我是用以小估大的方法。先把花苗平均分成10份，每份约20株，总共约10×20=200（株）。

生2：我是先算数一数每排约有21株花，一共有9排，总共约21×9=189（株）。

师：两种估算方法都是合理的，你们很棒！

总之，良好的数感，需要长期积累。教师要深入研究教材、学情并创造性地运用教材，给学生创造更多动手实践、合作探究、交流分享的机会，使数感的培养落实到位，提升小学生的数学核心素养。

第三节　数轴的应用

但凡提到数数，就必然会联系到数轴。有的学生非常不喜欢用数轴来理解数字和数数，笔者自己也曾觉得过于枯燥和无趣，后来在做了一些奇迹数学的练习册以后，才逐渐体会到了数轴带来的直观感受，理解了数字前后排

列的顺序和它们之间对应的关系。建立数感，可以理解为学会“数学地”思考，就是形成数学化和抽象化的观点运用数学进行预测的能力，以及运用数学工具解决现实问题的能力。小学数学教学中并没有揭示数轴的概念，而是以数的“直线”这一方式加以替代。尽管如此，数轴却多次出现，渗透于小学数学教学的诸多环节中。下面试图对小学数学中数轴的主要应用作一梳理。

一、数轴是认数的直观工具

数学是研究数和形的科学，“数形结合”是重要的数学思想方法。如图 4–1 所示，让学生在数轴上填数，是教材中第一次出现数轴，实现了数与形的第一次“联姻”。

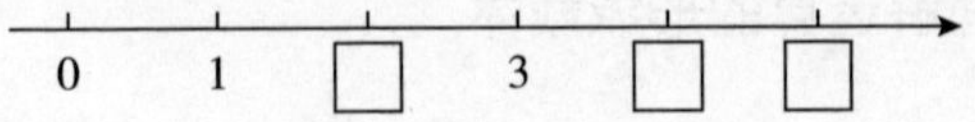

图 4–1　在数轴上填数

数轴上的数比在直尺上的数更抽象，其目的是帮助学生认识数的顺序，初步感知数的排列是有规律和有方向的，让学生对数序形成较浅显的感性认识。教师应借助数轴帮助学生直观认识自然数、分数、小数、负数等，使学生逐步认识到所有的有理数都可以用数轴上的点表示，数与数轴上的点形成一一对应关系。

借助数轴认数，便于学生发现数和数之间的内在关系。例如，分数、小数和百分数的互化，不同形式的数，在数轴上可以用同一个点表示。这样的直观表象，更清楚地反映出数与数之间大小相等的关系，有助于学生加深对分数、小数和百分数的认识与理解。

数轴使数与点建立对应关系，揭示了数和形的内在联系，成为“数形结合”的基础，使抽象的数变得有“形”可依，为学生数感的建立起到了积极的作用。因此，数轴是认数的直观而有效的工具。

二、数轴是数的大小比较的直接方式

借助数轴比较数的大小，既生动、直观，又便于学生总结比较大小的方法。数轴上从左到右各点表示的数，形成由小到大的数列，在数轴上表示的两个数，右边的数总比左边的大。正数都在 0 的右边，负数都在 0 的左边。学生在数轴上很容易看到“数量级”，会明显看到所有的两位数都在一位数的右边，借助数轴上自然“绑定”的数序，在找到数的相应位置之时，也就比较出了数的大小。认识小数时，纯小数在数轴上的对应点总是在 0 与 1 之间，这些小数都比 0 大而比 1 小。借助数轴，不仅能够准确地判断数的大小关系，而且“大多少”“小多少”能够被学生直观地感受到，这也是数感建立的重要过程。要比较数的大小，只需把它们表示在同一条数轴上，也就一目了然了。

三、数轴是理解运算的形象载体

数轴不但将抽象的数直观形象化，而且有助于理解运算，将运算直观形象化。例如，加法就是在数轴上先找到一个加数，再继续向右数。乘法就是在数轴上从 0 开始几个几个地向右数，数到几，积就是几（如图 4-2 所示）。

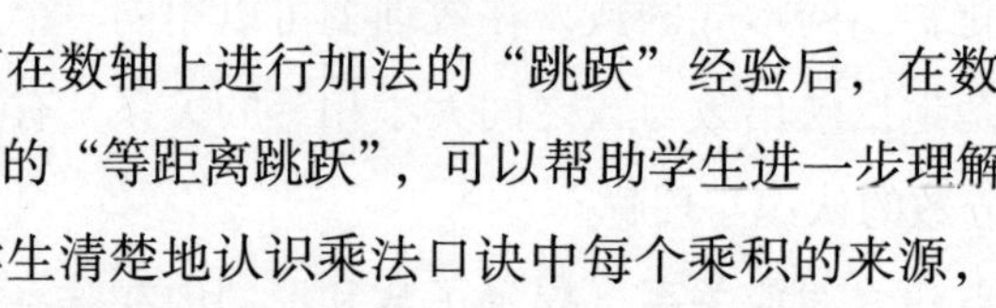

图 4-2　数轴计数 1

当学生拥有在数轴上进行加法的“跳跃”经验后，在数轴上进行乘法计算时，这种连续的“等距离跳跃”，可以帮助学生进一步理解相同加数连加的乘法本质，使学生清楚地认识乘法口诀中每个乘积的来源，理解相邻两个积之间等差的关系，又有助于学生初步感受数列的规律。

减法就是在数轴上先找到被减数，再继续向左数。除法就是在数轴上先找到被除数，然后几个几个地向左数。如果恰好数到 0 结束，表示能整除，数了几次，商就是几；如果没有恰好数到 0，表示不能整除，产生了余数（如

图 4–3 所示）。

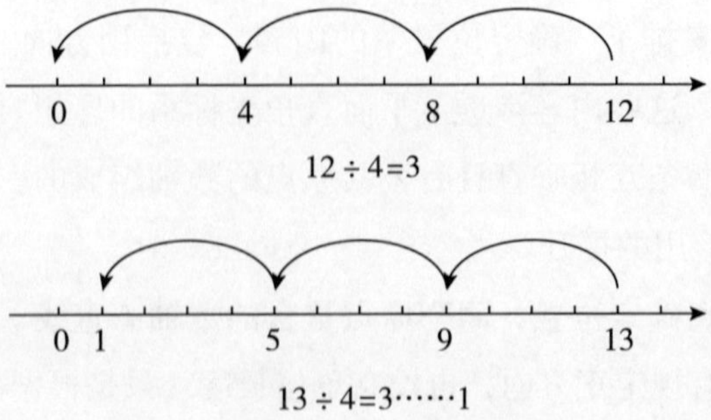

图 4–3　数轴计数 2

借助数轴帮助学生理解运算，学生需要将计数与图像联系起来，如“加一个”就是与数序中的后一个数相关联，在数轴上表现为向右数或向右移动；“减一个”则是与数序中的前一个数相关联，在数轴上表现为向左数或向左移动。这种在数轴上的移动表征，为以计数为基础的计算策略提供了心理意象。

四、数轴是认识时间的辅助平台

学生对时间的认识和理解需要相当长的过程，需要积累丰富的感知经验，也需要直观的手段给予辅助。当用数轴来对应和表现时间轴时，“时刻”就是数轴上的点，“时间”就是两个时刻点之间的“距离”，“时刻”和“时间”这两个概念的联系和区别借助数轴就直观明了地呈现出来了。两个时刻之间相隔时间的计算，就是数轴上右边点对应的时刻减去左边点对应的时刻，在数轴上的每个时刻，都能够作为学生对时间进行比较和计算的标准或参照，使复杂的关系变得简明。

在学习 24 时计时法时，为了让学生清晰地理解时间的周期性，可以把 12 时或 24 时作为一个新的单位长度在数轴上呈现。借助数轴帮助学生认识 12 时计时法与 24 时计时法的特征，联系学生生活实际，体验 12 时计时法与 24 时计时法的相互转换，使抽象的概念变得具体而形象。

五、数轴是平面结构化的组成元素

小学教材中安排了“确定位置”的内容，包括用方向和距离确定位置、用数对确定位置。这些内容渗透了平面直角坐标系的思想。平面直角坐标系是在平面内，由两条互相垂直且有公共原点的数轴组成的。平面直角坐标系可以看作对数轴应用的提升。

用方向和距离确定位置，两个原点重合的数轴（直线）垂直相交构成了直角坐标系，没有规定正方向，也没有单位长度，只是根据需要标出了“北”方。用数对确定位置，将平面图抽象成形象的“直角坐标系”，建立“数对”与平面上“点”之间的一一对应关系，用一对有顺序的“数”唯一地确定平面上的一个“点”。有了直角坐标系后，数与形再一次结合，整个平面就“结构化”了。

此外，学生在学习“正比例和反比例”时，把具有正反比例关系的两个量在直角坐标系中描述出来，借助具体的图像，能直观感知两个量的依存关系和变化状态，更便于深入理解抽象的函数关系。平面直角坐标系架起了数与形之间的桥梁，数轴是平面结构化的组成元素，是“数形结合”思想的又一载体。

总之，数轴渗透于小学数学的学习过程中，使抽象的数学概念或复杂的数量关系直观化、形象化，是“数形结合”思想方法的具体实现。

第四节　实践活动的应用

对于数学学习来说，通过感悟得到的知识比其他方法获得数学知识要丰富得多、深刻得多。建立数感有助于提高学生的数学素养，有助于学生对数学知识的自我构建，还能发展学生的创新精神和实践能力。那么，如何在数学课堂中建立和发展学生的数感呢？

一、在情境中感知数量的多少，建立数感

【教学片段4】

师：（出示课件——学校报告厅场馆图）同学们，大家都去过这里吧？感觉大不大呢？能估算一下这个报告厅大约能坐多少人吗？说说你是怎么估算的。

生1：大约能坐1000人，感觉很大。

生2：大约能坐800人，我去过能容纳1000人的会场，比这个更大。

生3：大约能坐400人，那里差不多有我们教室8个大，教室里可坐下50多个同学。

让学生带着自己切身的体验去感受数量间的关系，有利于培养学生的数感。教学采用了学生比较熟悉的学校报告厅场馆图，激发学生的探究欲望，也为检验其是否建立了数感提供现实依据。有的学生在感受到学校报告厅比较大之后，估算的数据也比较大，只是简单地将场地大和数字大建立联系，却未能在具体的情境中把握数的相对大小关系；而有的学生已经能借助参照物，将比较确定的情境与要估算的场地进行对比，但是存在较大的猜测的成分。生3的估算方法有理有据，估算得也比较准确，说明其数感比较强。在教学中为学生创设问题情境，让学生在讨论的过程中互相启发、互相学习、互相借鉴，体会数可以用来表示和交流信息，使学生在交流对数的感知时，拓展思维，丰富对数的认识，体会数学的价值，从而能促进数感的形成。

二、在交流中丰富对数的认识，发展数感

【教学片段5】

师：前面哪位同学的估算结果比较准确？为什么？

生1：我认为第三位同学的估算比较准确，前两位同学的估算依据不准确，而第三位同学用我们的教室做对比，相对来讲更准确一点。

师：大家的感觉没错，我们的报告厅有432个位置，跟第三位同学的估算比较接近。想一想，为什么第三位同学这样估算会比较准确？

生1：第三位同学借助了教室的大小进行对比。

生2：第三位同学把报告厅看成8个教室那么大。

生3将自己比较熟悉的教室座位个数当作参照物，并且对报告厅进行了划分，这样估算出的结果显然会更加准确。

在本次教学中，已经有学生能够比较准确地估算场馆内座位的数量，在对比思考的过程中学生进一步丰富了对数的表示方式——报告厅座位数大约有8个教室里的座位数那么多。同时，也认识到借助参照物进行估算可以使估算结果更加准确，在完善估算方法的过程中发展数感。

三、在练习中运用估算方法，升华数感

【教学片段6】

师：要知道一个大型体育场能容纳多少观众，可以怎么估算？

生1：可以将运动场分成一个一个的小部分，看看每一个小部分能容纳多少人，再算整个大的。

师：分成的一个一个小部分要有什么要求？

生2：大小要差不多。

师：怎么知道分完之后的每一个小部分能容纳多少人？

生1：数出每一个小部分有多少个座位。

生2：每一个小部分我们可以再次估算能容纳多少人，比如借助我们教室的座位数作为参照物，来估算每一个小部分是多少人。

教学中，教师借助学生估算学校报告厅座位的经验，总结估算更大场馆座位的方法——“以小估大”。开放性练习题给了学生多角度、多层次思考的空间，学生根据已有的经验理解情境，积极参与多维的思维活动，在主动参

与探索的过程中感悟数学规律。

综上所述，数感是一个崭新的学习内容，它的形成不是一蹴而就的，而是一个循序渐进的、潜移默化的过程，它需要教师在长期的教学中，结合具体的教学内容，从学生的生活经验和已有知识出发，创造性地运用教法和使用教材进行培养。数感的培养应该贯穿于整个学习过程，而不仅限于课堂上，还可以在创新作业中培养亲情，升华数感。

第五节　游戏的应用

在教学过程中融入游戏，可以使学生更为积极、主动地参与学习过程，这一点在强化学生数感方面也不例外。所以，为了进一步巩固学生的数感认识，教师可以在教学中添加一些趣味性的游戏，增强其好奇心和探究欲望，帮助学生从原来的被动接受变成主动探究。这样不仅能使学生的学习认识得到全面的提升，同时还有利于课堂教学氛围的改进，对于整体教学质量的提高大有裨益。那么，怎样在游戏中培养学生的数感呢？笔者认为，可以从以下几个方面入手。

一、通过游戏引入，在情境体验中培养数感

“好的开始是成功的一半。”精心创设引入教学问题的情境，有利于数感的培养。例如，在刚开始学习 20 以内数的加法时，教师可以拿出一个箱子和 20 个大小相同的小球，让学生以往箱子里投小球的方式计算题目。然后提出问题：怎么计算 9+4 呢？学生思考之后，可以用教具演示自己的解题思路：可以是数数法，从 1 数到 13；也可以是接数法，从 9 数到 13。之后，教师用教具演示凑十法，从已装有 9 个小球的箱子外面拿 1 个小球放入箱子里，此时箱子里有 10 个小球，再数箱子外面的小球还余 3 个，则说明一共 13 个小球，故 9+4=13。这种方法相较于其他方法更加简单，通过小球移动这种方法可以更快地让学生理解整个凑十法的过程。同时，教师也可以利用小球对学

生凑十法的掌握进行检验。

从这个例子可以看出，教师可以借助课前几分钟的小游戏，让学生初步接触需要学习的内容，并由此将学生引入新的课程中，更加迅速地进入新课的学习状态中。同时，利用游戏进行教学可以激发学生的学习兴趣，调动学生学习的积极性，加快他们对于新课程的理解，在无形中培养了数感。

二、通过游戏探究，在算法多样化中提升数感

低年级学生容易被一些新奇的事物所吸引，在教学中如果设计一些想法新颖、形式多变、富有趣味的游戏，组织学生通过灵活多变的游戏活动来学习数学知识，他们就会对学习产生浓厚的兴趣，把注意力长时间集中到学习对象上来。有效地激发学生的学习动力，从而提升数感，使教学收到良好的效果。

例如，在教学“6的加减法”时，笔者先给每个小组发了一张画着一个大鱼缸的白纸，面带笑容地说：“同学们，这节课我们一起做游戏好不好？”顿时教室里响起了一片掌声。接着，笔者提出要求：请同学们拿出准备好的6条“小鱼”放在鱼缸里，请小组内的一位同学来钓“小鱼”；然后根据每次钓出“鱼”的条数，列出加减法算式，并记录下来；一个学生钓完后另一个学生接着钓，规定时间内看哪组得出的算式既对又多。最后集中反馈，有关“6的加减法算式”便全部呈现出来了。学生在这个动手动脑的游戏活动中，学习了有关“6的加减法”，整个课堂活而不乱、兴趣盎然，下课时学生的脸上还洋溢着快乐的微笑。游戏探究，学生学得有趣，教师教得轻松。

这样，学生运用多种形式的游戏进行探究，不仅增强了对数的认识，同时也培养了数感。

三、通过游戏练习，在小组竞赛中增强数感

在小学数学的教学中，往往是教师讲后学生练，讲讲算算、算算讲讲，形式单调重复，学生兴趣索然。改变单一的练习形式，使学生在玩中学、乐

中学，能获得意想不到的收获。

【教学片段 7】

师：火车鸣笛时会发出怎样的声音？

生：呜……

（课件出示一列有长长车厢的火车，每节车厢内均标有载客人数——9、4、6、5、7、1、2、9、8。）

师：1 号车厢有多少人？

生：9 人。

师：2 号车厢有多少人？

生：4 人。

师：火车进站了，有人上车，也有人下车。你是火车的司机，要统计火车上的人数。大家能用上车、下车的人数出几道题吗？

生 1：1 号车厢下车 8 人，还剩多少人？（9−8=1）

生 2：2 号车厢上车 6 人，现在多少人？（4+6=10）

生 3：5 号车厢下车 5 人，上车 5 人，现在多少人？（7−5+5=7）

在这个游戏中，学生为能当一名合格的火车司机，口脑并用，积极参与。这样的练习，既节省了练习时间，又提高了练习效果。此外，还有很多有趣的小组竞赛游戏，如编题游戏，既有助于学生思维的发散，又有利于学生口头表达能力的培养；计算接龙，既达到了练习的目的，又训练了学生的计算速度，培养了学生的数感，还激发了学生为自己小组争得荣誉的集体荣誉感，一举多得。

总之，为学生创造各种丰富、生动的情境，让学生在具体的情境或真实的情境中产生体验，将数学知识与实际生活联系起来，鼓励学生独立思考、积极探索多样化的算法，并最终引导学生将知识灵活运用到实际中去。

第六节　数学日记的应用

在教学中，教师要怎样理解数感究竟是什么？怎样帮助学生理解数感？如何培养学生的数感？笔者认为，除了课堂教学不停地渗透外，还要让学生与数感有更深层次的“交流与沟通”，数学日记就是深层次沟通必不可少的手段。

一、让抽象的数与数量简单化

在小学数学教学过程中，认识数占据了很大的比例。随着年级的增加，有些数较为抽象，对于正在经历从具体向抽象过渡迈进的学生来说有点难，因此，写数学日记是一种很好的解决问题的途径。通过写日记，能让学生用心去领会认识数的必要性，帮助学生理解数的意义，学会建构自己独特的对数的理解能力。

【学生日记 1】

在最近的考试中经常出现这样的问题：一根长 6 米的绳子，将其平均分成 3 段，每段绳子长（　　）米，每段绳子是全长的（　　）。一遇到这类题目我就很混乱，脑子里 2、$\frac{1}{6}$、$\frac{1}{3}$不停地在打架。为了方便操作，我找了一根长 6 厘米的绳子，然后将它平均分成 3 段，这时可以量出任意一段长 2 厘米，原来题中的第一问就是用 6÷3=2（厘米），就是看它具体有多长；把一段绳子平均分成 3 份，其中的一份是全长的$\frac{1}{3}$，题中的第二问找清楚整体和部分分别是什么，答案就呼之欲出了。在这里我还意识到每段是全长的$\frac{1}{3}$，反过来全长就是任意一段的 3 倍。忽然之间，我有所顿悟，它和学过的倍数关系是一致的。

学生借助数学日记以自己的某个困惑点为主题，详细描述分析问题、解决问题的过程，通过创造浅显易懂的资源帮助自己理解题意。该篇日记中，学生主动参与分数知识的构建过程，用符合自己认知的方式去解决困惑点，建立对分数深层的理解，分数不再只是一个毫无生机的数字，而是充满智慧和挑战的数。写数学日记，不仅可以帮助学生提高分析问题、解决问题的能力，也能帮助学生建立更高层次的数感。

二、将抽象的数量关系直观化

数感同语感、方向感、美感类似，都有一种“直感”的含义，具有对特定对象的敏感性及相关的鉴赏能力，它是一种主动地、自觉地或自动化地理解数和运用数的态度与意识，是一种基本意识。在我们的日常生活中，数学无处不在，数量关系更是扮演重要角色。应鼓励学生用文字将生活中的数学记录下来，通过具体的生活经历促进理解数量关系，使学生获得良好的数感，增加学生的数学情感，提高学生应用数学的意识。

【学生日记 2】

一支支像仙女棒的红笔标价 3 元 / 支，买 2 支的话，3 元 / 支是红笔的单价，2 支是数量，买 2 支就有 2 个 3，即 2×3=6（元），6 元是我购买 3 支红笔的总价。以此类推，买 4 支，就是 4 个 3，等价于 4×3=12（元），12 元是购买 4 支笔对应的总价；买 5 支是 15 元；买 8 支是 24 元。这就是数量关系：单价 × 数量 = 总价。

数学日记就是生活日记，帮助学生架起“一座桥”，拉近学生与教师之间的距离，沟通数学与生活的联系，加深学生对数量关系的理解，学生也能充分感受数学源于生活，又应用于生活，让学生从数学的角度去看待生活，激发学生学习数学的兴趣，从而有利于培养学生的数感。

三、运算结果估计

对运算结果估计反映的是学生对数学对象更为综合的数感。教师不仅要在课堂上讲解，还要在课后布置一些估算任务，加强学生对估计的理解。倡导学生记录有关估算的数学日记就是一种很好的培养学生估算的方法，学生通过对学习内容的总结，运用数学知识、符号、图表、语言去表达自己对特定情境下估算的理解，这样的任务布置提高学生对估算的理解，培养了学生的数感。

【学生日记3】

为了让自己曾经生活6年的校园一直根植于我们心中，我们班准备画一幅学校简略缩小图当作毕业礼物作为纪念。根据学校的结构，我们将学校分为3个部分——学校过道、教学楼区域、操场区域进行测量。它们都近似长方形，方便测量长和宽。结合相关数据，我们按照比例尺1∶2000，即平面图上1厘米对应实际长度20米，很快就将学校的每个区域错落有致地画在平面图上。看到小组辛苦完成的作品，成就感满满。

通过画学校平面图，让学生现场实地采集数据，学生根据生活常识和经验，估计学校各个区域的长度，再利用比例尺、图形的缩小，找到适合学校的比例尺。学生亲历作品的产生过程，探索了估算在现实生活中的实用价值，学生也感受到估算在数学中有着举足轻重的地位。

第七节　数形结合的应用

与知识与技能的学习不同，培养数感必须是一个持续渗透的过程，学生需要在不断渗透数感的教学环节中经历逐步建立、发展的过程。“数形结合”因为其有以形助教、化抽象为直观的作用，符合小学生的认知特点，在小学生的数感培养中是一种十分常用且适用度较高的方法。下面结合北师大版数学教材和笔者教学时的所记所悟，谈谈在“数形结合”中培养小学生数感的案例。

一、数的认识

儿童学习数学是从数数开始的，在第一学段，学生对数的感悟是从数数知晓实物的多少开始建立的。虽然在上学前他们就已经有了大量数字对话的生活经验，但这并不意味着他们能够理解数的意义，数对于他们而言还只是一个个抽象的符号，所以在 10 以内数字的教学中通常利用直观教具的演示帮助学生建立数的具体表象。

在传统教学中，对数位计算教学颇为强调。但有研究表明，不恰当地强调数值结构教学会促使学生使用机械无效的数位计算方法，导致计算出错。教师应当在教学中鼓励学生将数字拆分成不同形式，例如，$45=5\times9=90\div2=30+15$。这个过程还可以帮助学生建立数与数之间的联系。将数字拆分应用到情境中更有利于让学生体会到不同数字拆分方法的重要性，这一过程可以布置成数学绘本创作的形式鼓励学生创造。

随着学生年级的升高，学生需要掌握的数的维度也会扩大，如分数、小数、负数等。这些数出现在学生生活的各个地方，但对于学生而言它们依然是熟悉又陌生的“朋友”，所以学生有必要借助“形”的辅助来认识。例如，平分四边形来比较大小，学生通过将矩形分成 4 份和 16 份，分别取其中的 1 份和 4 份得知 $\frac{1}{4}=\frac{4}{16}$。或将小数一一表示在数轴上，大小关系就变得一目了然了。

二、数量单位的认识

在学习数量单位时，教师通常会借助实物模型帮助学生建立概念。例如，笔者有次观摩到一位教师上的五年级上册“体积单位”，这位教师分别制作了体积为 1 立方厘米、1 立方分米、1 立方米的实物模型，学生无不被这些教具震撼到，加深了对体积单位量的直观感受，也发展了空间观念。

在初步学习加减法口算时，很多学生都是通过掰手指“向前数”“向后数”口算出结果，所以在后续十以上数字计算教学时，教材就充分利用了儿童的计算习惯，引入与已知数字相联系的“数字组块”，借助“数线图”进行计算，有助于学生获得直观的图像表征。教材中的乘法是由重复相加引入而来，但研究表明，累加的情境会限制学生对运算律的理解，学生被迫选择了用什么数字进行累加。为了减少此习惯思维带来的负面作用，教师可以引导学生重新排列原本罗列整齐的物体，以此来引导学生认识到交换律的合理性。

当学生建立数的概念、理解数的表征之后，他就具备了理解一定数量关系的基础。例如，在学习分数之后，学生对整体与部分的关系感悟更深。学生对一些相对综合且复杂的数量关系的感悟往往是伴随具体的情境而展开的，教师引导学生解决此类问题的常用工具是线段图、直观图等，当学生习惯用画图表示数量关系后，就会用线段化的视角观察身边与数有关的情境。例如，具备一定数感的学生在观察计程车计价器时，会对数字变动的间隔时间、已行驶路程、出发时间、到达时间等数字信息比较敏感，在头脑中能够根据线段图进行快速反应表示出数量关系。

三、结论

数形结合在小学生数感的培养中应用之广、益处之多，仅靠书中所举的案例是不能完全体现的，教师应多挖掘教材中图像表征里蕴含的道理，多收集教学中出现的有效数形表达。除此之外，教师要多走入学生的世界里，做一名耐心的“观众”，肯定学生“形”的表达，赞赏学生创意的勾勒，引导学生在画画中学习数学，在数形表达中培养数感。

第八节　简算的应用

数感，是人能主动、自觉地理解数和运用数的态度与意识，是人能正确、习惯地用数去交流，会数学化地思考。它同“乐感”“语感”一样，是人的一种基本素养。简算要求学生观察算式的特点，分析数与数之间的关系，依据四则运算定律或运算性质，灵活改变运算顺序，使算式变得简便易算。下面结合北师大版数学教材和教学时的所感所悟，谈谈在简算中培养小学生数感的几种具体策略。

四年级学生，在学习了第四单元“运算律”之后，利用运算定律进行简算，是本单元知识点的重要应用。以“125 × 88”为例，学生主要运用以下方法解答题目：①竖式计算，直接相乘；②加法分解，将因数“88”分解成“80+8”两个加数的和的形式，再分别与“125”相乘，运用了乘法分配律；③乘法分解，将因数“88”分解成“8 × 11”两个乘数的积的形式，接着用“125”和“8”“11”先后相乘。

但是练习的结果显示不尽如人意，大部分学生使用竖式计算直接相乘，并没有使用简算。这并非单纯表示学生对于运算定律不熟悉，事实上，大部分学生都能够说出学习过的运算定律的种类和表示方式。而在此题目上的表现，更主要的原因在于学生对数字的敏感度不足，因此，应该在简算过程中渗透对数感的培养。

实际教学中可以采用以下策略。

一、强化数字之间的联系

在使用乘法或者除法进行计算时，学生很容易感觉到 28 与 2、4、8 联系密切，而与 3、5 联系不密切。在这样对数字进行联系的过程中，可以逐步培养学生的数感，也有助于使用简便方法解决数学计算问题。

在上述题目的第③种方法中，将因数“88”分解成“8 × 11”两个乘数的积的形式，实质上是培养学生将乘法运算中的数字与其他数字进行联系。例如，在知道“25 的 4 倍是 100”后，就能够很快地计算出其 2 倍的“25 × 8”的结果；在知道“125 的 8 倍是 1000”后，就能够很快地计算出其 11 倍的“125 × 88”的结果。

二、在情境中进行教学

如果从学生将来要用到的概念或者定义开始进行数学教学，比较抽象，不易理解。而从需要丰富的数学知识的情境开始进行数学教学，则更加直观形象。例如这样一个问题：淘气需要买两本书，价格分别是 48 元和 47 元，淘气付了 100 元后，需要找给他多少元?

解决该问题时，除了常规的“100−48−47”或者通常的简便算法“100−（47+48）”，还可以让学生联系实际。人民币有面值为 50 元的纸币，一张 100 元相当于两张 50 元，就容易想到“（50−48）+（50−47）”，这样通过口算就能得到精确的答案，即“2+3＝5（元）”。

三、引导学生从不同的角度看数字

在传统的教学中，对数字进行描述时，多是描述“由几个十、几个一组成”，但通过思考简便算法，“88”可以表示成“80+8”，也可以表示成“90−2”，这需要教师引导学生从不同的角度看待数字。采用不同的方式进行拆分时，也可以联系数字应用的不同情境，帮助学生更好地理解数字结构。例如，80 公里 +8 公里，90 厘米 −2 厘米。

四、设计发散思维的小游戏

数学课堂可以设计发散思维的小游戏，如一些较为简单的、没有固定答案的讨论题目。

【案例 6】

将 28 与“2、3、4、5、7、9”等数字用你喜欢的方式联系起来。学生会给出很多惊喜的答案：

（1）28 是 2、4、7 的倍数；

（2）28 可以拆分成 20+3+5；

（3）28=24+（9−5）；

……

随着答案的增加，学生会感受到数字的奇妙之处，对于数字之间的联系也会更加敏感，这对于使用简便算法有很大帮助。

五、加强估算能力

学生容易出现计算错误，此时应该引导学生利用估算的方法进行检验。

【案例 7】

计算 125×32×25。

根据常用的“125×8=1000”和“25×4=100”以及“32=8×4”，我们可以利用简便算法：125×32×25=125×（8×4）×25=（125×8）×（4×25）=1000×100=100000。

然而由于对运算定律混淆，学生容易计算成“（125×8）+（4×25）=1100”。虽然符号的错误不易发现，但是计算结果与实际的准确结果相差较多。通过引导学生尝试估算，可以发现运算中的问题所在。

简算教学中不仅要关注运算结果，更要利用算式模型指引学生探究简算方法，拓展数学思维。关注简算的思维过程，运用简算算理，使学生学会思辨，发展数学逻辑，探索计算过程的趣味性，提高对数学的兴趣。

第九节　数的读法与写法

培养学生的数感，不仅与数的含义、数的运算、数的结果估计等有关，还与数的正确读法、正确写法有关。

一、数的认识，建立数感

数的学习是形成数感的基础，是数学学习活动的开始。数字在生活中运用广泛，数字因与具体的情境结合而产生了实际的意义。例如，有的学生从电话号码、楼栋房号、班级学号、体重、身高、操场长度等地方找到了相关的数字，发现生活中处处有数学，从而产生兴趣，建立数感。

二、掌握读写技巧，培养数感

（一）迁移万以内数的读写方法

学生在学习读写万以上数时，已经学习了万以内数的读写，熟练掌握万以内数的读写方法是正确读写万以上数的基础。万以内数的读法是按照数位，从最右边数字起，对应数位从最高位读起，若数的中间有一个或两个 0 时，都只读一个“零”。写一个万以内的数，对应数位上是几，就在对应数位下写数字几，哪个数位没有就写 0。学生掌握了万以内数的读法，在此基础上通过读写方法迁移，再结合数级去探索万以上数的读写，就很容易了。

（二）掌握万以上数的读法

（1）确定是几位数，先分级，再对应数位，看最高位是什么。

（2）按数级、数位从高位往低位读起，按亿级、万级、个级的顺序一级一级读。每个数级都按个级读法来读，读“万级”时在后面加个“万”，读“亿级”时，则在后面加个“亿”。

（3）每级末尾不管有几个 0 都不读，数中间有一个 0 或连续几个 0，都只读一个“零”。

【案例 8】

5487304007。这个数是 10 位数，分为亿级、万级和个级，即 5487304007，这个数最高位 5 是十亿位，从亿级开始读；万级的末尾有一个 0，不读；个级中间有连续 2 个 0，只读一个“零”。故该数读作：五十四亿八千七百三十万四千零七。

（三）掌握万以上数的写法

（1）找最高位是什么，确定这个数是几位数、有几级。

（2）按数级写数，从最高位往低位写，一级一级地写，对应哪个数位是什么数字就写什么数字。哪一个数位没有，就在对应的数位上写 0 占位。

（3）验证，读数，所写的数读出来是否与所给的一致。

【案例 9】

二十亿零五百六十万零八十。对照数位顺序表，可知是一个 10 位数。这个数最高位是十亿位，有亿级、万级、个级三个数级，从亿级开始一级一级地写，没有的数位写 0。这个数就写作：2005600080。验证：读作二十亿零五百六十万零八十，一致。

三、运用错例分析，发展数感

对于学生来说，无论是在学什么知识时，出现错题都是在所难免的，关键是学会合理利用错题，通过对错题的整理和分析，在错中长智，发展数感。

【案例 10】

（1）50043648 读作：五千零四三千六百四十八。错因：在读万级的数时，没有在后面加上“万”字，对读数的方法理解不够，对数的分级掌握不熟练。应改为“读作：五千零四万三千六百四十八”。

（2）五十万零三百写作：500030。错因：数位写错，把“0”写在了百位、“3”写在了十位上，正确的应该是在百位上写“3”、在十位上写“0”。应改为“写作：500300”。

以上案例剖析了学生在读写万以上数时易错点，学生应找准错误原因，对症下药、改正错误，从而正确、熟练地读写万以上的数。通过错题整理分析，能够加深理解知识点，逐步发展学生的数感。

四、明确特殊数字读法，强化数感

通过探究同一个数字的不同读法、写法，强化学生的数感。

【案例 11】

数字“2”和数字“1”属于特殊数字。数字“2”有时可以读“二”，有时可以读“两”；数字“1”有时读“一”，有时读“幺”。根据教材的范例，一般在读一个数学数字时，“2”读作“二”，“1”读作“一”，而“两”和“幺”是人们日常习惯的读法，所以我们在读数时，2 应该读“二”，1 应该读“一”。

总的来说，数感的形成是一个逐步形成的过程。在正确读写数的培养过程中，让学生掌握正确读写数的方法，有助于促进学生数感的发展与形成。

第十节　知识迁移的应用

数感的表述是：“数感主要是指关于数与数量、数量关系、运算结果估计等方面的感悟。建立数感有助于学生理解现实生活中数的意义，理解或表述具体情境中的数量关系。”要培养学生的“感悟”，其培养过程与考核难度远大于知识、技能的训练。如何依据小学生自身的生活经验与学习特点，建立完整的数感培养系统，是本书需要探讨并实践的重点内容。

一、“数”出数感——计数单位

首先，数字作为数学的抽象符号，凝结了众多生活经验。学龄儿童对数字经验的积累来自日常生活中的数数活动，已经自主地实现了物体个数的数量守恒。以北师大版教材为例，学生在一年级上册认识 20 以内的数，主要学习逐一计数，初步体会基数、序数的意义，并认识位值概念，这是学生第一次在生活经验的基础上规范系统地认识数字。但此时，学生对于100以内20以外的数字的辨别存在困难，对于数位的认识还处于“知其然”的水平。学生会依据自己的经验推理出“99”后面的数字是“十十”，但在写数为阿拉伯数字时出现了“1010”的书写形式，学生因此陷入“两位数有四个数字”的矛盾中。所以北师大版教材在一年级下册安排了学习100以内的数，主要学习以“十”为单位按“群”计数，初步体会计数单位，感受位值概念、发展数感。

二、“读”出数感——数位顺序表

学生在有了基本的计数经验的基础上，学会用数位顺序表计数与记数，并在二年级下册学习万以内数的学习过程中，积累了丰富的认数经验，为学习万以上的数奠定了坚实的知识基础。因此，在教学中充分运用迁移类推的思想，将万以内数的读写方法、大小比较方法乃至计数单位的十进关系推广到万以上的数。

在自然数的认识中，计数单位是数概念发展的主要线索，十进位值制计数法是认识大数的核心概念，数位顺序表是大数读写的重要抓手。北师大版教材以此思路在四年级上册安排了认识比万大的数，认识更大的计数单位及更多数位的整数数位顺序表。

数感是读出来的。大数的读写除了借助数位顺序表，还需要了解读数法则在生活中的应用，学生能在读数时，将数位与数字结合在一起，理解“哪一数位上是几就表示几个计数单位”。语言是思维的外壳，当学生能够在理解的基础上读数，明确知道自己读的是什么，就能读出数感。

三、“看”出数感与“推”出数感——模型

在教学个级数时，教材给出了直观的几何模型——“立方体模型”，学生就能在已有知识经验的基础上，初步感受“十万”这个数字的量级。但也有研究表明，“立方体模型”在更大量级数字的认识中不再能起到关键作用。

至此，直观作用显现出了阶段性与局限性，需要引入推理的方法。北师大版教材安排利用计数器，通过迁移的方法认识比十万更大的计数单位及数位，并在此基础上认识“数级”。

四、“算”出数感与“估”出数感——运算

数感是可以算出来的，学生能够基于自己的计算经验得出一些像凑十法一样的规律，并在之后的运算中利用此种经验结论。例如，学生在运算律的学习中，总是能够快速理解交换律与结合律的必要性，能在看到 25 后果断寻找 4，使得两个数乘积为 100，并准确、快速地找到运算律的使用方法，有时甚至会出现受数字误导而错误使用运算律的极端情况。

学生在计算经验的基础上，就会对未经计算的结果有大致估计。数感的培养不仅来自熟练诵读的表内乘法口诀或勤奋的运算练习，估算策略的学习也起到了至关重要的作用。例如，在估计较大数量时，会用到“化整为零”的策略，将整体分为数目大致相同的几个部分，想办法估计出其中一个部分的数量，再用乘法估算整体的数量。

总之，作为义务教育阶段学生必备的核心素养，数感的建立、发展与巩固非常必要。但数感的培养并非难以下手，它来自生活与活动经验，依托计数单位、数位顺序表、模型与运算。在教学中，教师可以顺势而为，引导学生参与教学活动，帮助学生建立对数的感悟。

第十一节　引入新的“数”

数感的培养围绕着数展开，数是抽象的，学生的思维却是具象的，因此小学生认识数的过程需要结合生活中具体的情境。为了培养学生的数感，在实际的教学过程中，教师需要结合不同学生的具体情况与不同的教学目标，选择合适的引入方式。下面以“分数的初步认识”一课为例，探索扩展数系时，应该如何选择合适的引入方式，培养学生的数感。环节目标的把握是方

案选择的根据，因此将根据不同的环节目标给出不同的环节方案。

一、环节目标一

本节课是学生第一次学习分数，可以先让学生经历自然数不够用，需要扩展数系来表示比 1 小的数这一过程，从而理解分数的来历，了解分数的价值。数系的扩展可以从身边的事物入手，在熟悉的生活场景中融入数学因素，让学生从直观的层面上理解引入分数的必要性，并初步认识分数的含义。

【教学片段 8】

师：同学们，今天老师给大家带来了月饼，老师想把这 4 个月饼分给两个小朋友，怎样分最公平呢？每人分到几个？可以用数字几表示？

生：平均分最公平，每人分到 2 个，可以用数字 2 来表示。

师：如果把 2 个月饼分给两个小朋友，每人分到几个？可以用数字几表示？

生：每人分到 1 个，可以用数字 1 来表示。

师：现在老师只有一个月饼呢？怎么分好呢？

生：每人分到一半。

师：那“一半”可以用什么数字来表示呢？

生：$\frac{1}{2}$。

师：这个$\frac{1}{2}$就是我们今天要学的分数，“一半”没有办法用我们学习过的整数来表示，因此我们就需要用一种新的数——分数来表示。

二、环节目标二

通过生活中熟悉的情景——分物，让学生感受整数不能表示“一半”。那么可以用什么方法表示“一半”呢？教师将这一问题抛给学生，学生根据已有的生活经验，会想到可以用画图等方式表示“一半”，甚至有些学生在生活中接触过$\frac{1}{2}$，会提出可以用$\frac{1}{2}$表示一半。此时将学生画的图和$\frac{1}{2}$这个分数放在一起，学生就能从直观层面上认识$\frac{1}{2}$表示的意义，也能在多种表示方法的对比中感受到用分数表示一半的优越性。

【教学片段 9】

师：今天老师和大家做个游戏，请同学们用手来回答，答案是几就拍几下。

问：（拿出苹果）老师手里有 4 个苹果，平均分给两个小朋友，每个小朋友分到几个？

（学生拍手表示。）

（1）如果有 2 个苹果，平均分给 2 个小朋友，每个小朋友分到几个？

（学生拍手表示。）

（2）如果只有 1 个苹果，平均分给 2 个小朋友，每个小朋友分到几个？

（学生无法用拍手表示，可能有学生会说“半个”。）

师：拍手无法表示半个，你能用其他方法来表示半个苹果吗？请发挥你的想象，用你喜欢的方法表示一半。

[根据学生画、写的情况，分享学生的作品（学生会想到用画图的方法表示一半，或者用$\frac{1}{2}$、0.5 表示一半），并将各种方法同时呈现在学生面前。]

师：这些作品为什么都能表示一半呢？

生：因为都是将图形平均分成了两份，那么其中的一份就是一半。

师：在这些方法中同学们观察思考用哪种方法表示一半更简单呢？

（板书：$\frac{1}{2}$。）

三、环节目标三

分数的含义包含份数的定义和商的定义，因此除了从分物的角度引出分数，还可以从除法的角度引出分数。用较小的数是否可以除以较大的数？它的商是怎么表示的？由此引发学生的认知矛盾和冲突。在讨论的过程中，让学生充分感受到分数在生活、数学中的实用价值。

【教学片段10】

师：同学们，回忆一下，我们以前学过哪些运算呢？

生：加法、减法、乘法、除法。

师：请同学们用1和2这两个数字，组成尽量多的加法、减法、乘法、除法算式，并计算出结果。

（学生独立计算，教师巡回指导，全班交流展示结果。）

加法：1+2=3，2+1=3

减法：2−1=1，1−2=？

乘法：1×2=2，2×1=2

除法：2÷1=2，1÷2=？

师：加法、乘法的四个算式计算起来很简单，都是我们学习过的，但减法中的1−2=？和除法中的1÷2=？这两个算式我们比较陌生，今天这节课我们就来解决1÷2=？这个问题。

师：谁能用除法的意义来解释1÷2这个算式？

生1：就是求1里面有多少个2。

生2：把1平均分成两份，其中的一份是$\frac{1}{2}$。

师：谁能再来解释一下？

生3：4÷2是把4个苹果平均分成两份，每份是2个；1÷2就是把1个苹果平均分成两份，其中的一份就是一半，也就是$\frac{1}{2}$。

师：那么1÷2的商就是多少？

生：$\frac{1}{2}$。

师：这个数是什么数？

生：分数。

师：这节课我们就一起来研究分数。

在实际备课中，认识“新的数”应该根据学生的学情选择合适的引入方式。让学习能力较弱的学生理解“新的数”的意义，让学习能力较强的学生能从不同的角度对“新的数”的来源与意义有更深入的理解，激发学生的学习兴趣。

第五章　小学数学数感教学案例探究

用估算解决问题，促进数感培养——“以小估大”教学案例

案例背景

本节课的教学内容是“以小估大”的乘法策略。学生虽然在第一学段学习过估算，但依然缺乏估算意识，因此教师需要让学生在具体情境中进一步培养数感。

教学目标

1. 创设相关情境，探索估算大数的策略和方法（以小估大），用各种方法估算生活中事物的数量，发展数感。

2. 在与同学交流的过程中，能够清晰地表达自己的估算思路与具体方法，培养思维的条理性。

3. 能结合情境进行估算，解决实际问题，体会估算的重要性。

教学重难点

教学重点：能运用乘法知识和“以小估大”的估算策略解决大数的估算问题。

教学难点：理解并掌握“以小估大”的估算策略。

课前准备

两个杯子、一杯红豆、20 份报纸。

课堂实录

一、巧设情境，引出课题

师：老师今天带来了满满一杯的红豆，同学们估算有多少粒？

生 1：我估算有 100 粒。

生 2：我觉得不止，应该有 120 粒。

生 3：我怎么觉得没那么多，可能只有 80 粒。

生 4：我估算有 160 粒。

师：同学们的答案五花八门，没办法确定。现在老师把一杯豆子大致分成相等的两份，并且我告诉你们，半杯约有 200 粒豆子，观察一下，你们能估算第一次拿出的满杯豆子有多少粒吗？

生（合）：400 粒！

师：咦！你们怎么一下子就估算出来了？

生 5：半杯约有 200 粒，两个半杯就是 200×2=400 粒啦！

师：同学们反应真快！在我们的生活中，许多问题都需要用估算的方法来解决。之前我们已经掌握了一些估算方法，今天我们学习乘法估算。

【设计意图】巧妙地创设与学生生活实际相关的情境，吸引学生的注意力，激发学生的求知欲望，为接下来的“以小估大”教学做铺垫。

二、合作探究，解决问题

师：同学们去体育场看过比赛吗？这是一个体育场（课件出示体育场的情景图），观察图片，你能提出什么数学问题？

生 1：老师，这么大的体育场内坐满了观众，我想知道这个体育场内一共有多少名观众。

师：大家都发现了，观看比赛的观众非常多，一下子数不清。请同学们先来猜一猜，体育场内大约有多少名观众？

生 2：人这么多，可能有 3000 人吧！

生 3：我觉得体育场很大，应该有上万人。

师：听了这两位同学的想法，大家觉得这样能估算出比较准确的人数吗？

请大家仔细观察体育场座位的排列情况，怎样才能估算比较准确呢？你有什么方法？先独立思考，再小组交流。

（小组交流，每位同学都在小组中说一说估算方法，小组代表反馈交流结果。）

生 1：可以先数一排大约有多少名观众，再数有几排，用乘法算出来就是估算结果。

生 2：可以先估算一个看台有多少名观众，再看有多少个看台，最后算出一共有多少名观众。

师：同学们的方法都很不错，那么这些同学的方法有什么共同的特点呢？

生 3：他们都不是直接估算观众总数，而是先估出其中的一部分，再算出观众总数。

生 4：他们都是把全场观众分成几个相同的部分，先估出一部分，再用乘法估算总量。

师（小结）：同学们观察得真仔细。他们都是把总量分成若干个相同的部分进行估算，再用乘法估算总量，这就是“以小估大”的乘法策略。体育场占地面积大、看台座位数量多，不方便直接估算座位数，就先估算一个看台的座位数。

师：下面是其中一个看台，大约有多少名观众？（课件出示其中一个看台的情景图）小组讨论后回答。

生 1：把上面一个看台平均分成 6 份，其中一份有 4 排，每排 7 人，总共有 28 人，那么这个看台大约有观众 $28\times6=168$（名）。

生 2：根据看台的排数估算，1 排约 20 人，共有 8 排，$20\times8=160$（名）。

生 3：可以把看台平均分成 3 份，每份约有 60 人，共 180 人。

师：在刚才的估算中，同学们都用了“以小估大”的估算策略。先把一个看台分成大致相等的几份，再用每份数乘份数就能估算出总量。比较几种估算方法，你有什么发现？

生（合）：估算的结果不一样。

师（小结）：估算是对数量的估算，所以和准确值有一定差异，不同估算方法的估算结果也可能不一样，只要和准确值相近就合理。

师：这个体育场共有 28 个看台，如果每个看台的观众数大致相同，那么这个体育场大约能容纳多少名观众？请你根据上面估算的一个看台的人数，独立列出算式并估算全场约有多少名观众，拿出练习本写一写吧！

生 1：把 28 看作 30，160 × 30=4800（人），约 4800 人。

生 2：把 28 看作 30，180 × 30=5400（人），约 5400 人。

生 3：把 160 或 180 看作 200，200 × 28=5600（人），约 5600 人。

【设计意图】用乘法估算整个体育场能容纳的观众人数，体会估算大数的策略与乘法的应用价值。

师：同学们想到了很多种方法，那么怎样估算更合理、更简便呢？

生 1：把乘数看作接近的整十、整百数来估算，更方便。

生 2：可以只把其中一个数看作整十、整百数来估算，也可以把两个数都看作整十、整百数来估算，都很简便。

师（小结）：同学们说得都有道理，我们在进行较大数的乘法计算时，可以用四舍五入法把其中的乘数看作最接近的整十、整百数来进行估算，结果不唯一，但要注意接近、方便、合理的原则。

【设计意图】明确估算的原则，总结方法，培养学生数感。

三、练习提升，深化应用

1. 图 5–1 是一幅草坪图，如果图中方框代表 1 平方米，试估算草坪的面积。

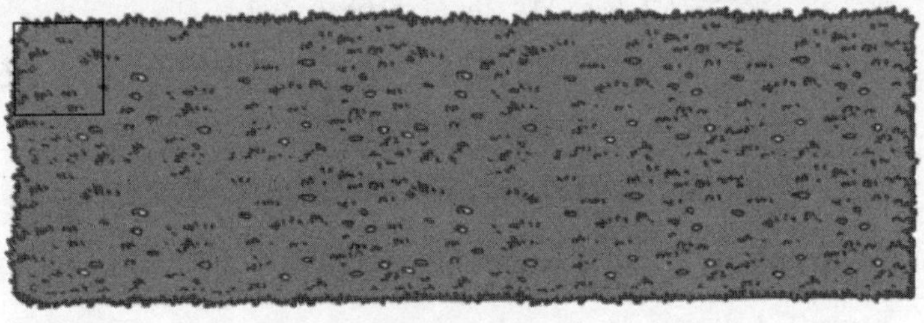

图 5–1　草坪

2. 表 5–1 是东方书报亭 10 月上旬每天的营业额，你能估算出这个月上旬的总营业额吗？

表 5–1　东方书报亭 10 月上旬营业额　　（单位：元）

日期	1	2	3	4	5	6	7	8	9	10
营业额	206	201	206	204	205	198	196	198	195	203

3. 自选一份报纸，估算其中一版的字数，用文字、图或算式来说明估算的过程与方法。

【设计意图】分层设计的练习给予学生充分的思考空间，学生运用实践操作、讨论交流等方法探究多种估算方法，提高估算能力。

四、课堂小结，总结提升

师：回忆刚才的学习过程，说说你的收获，如何又准又快地估算出较大数量?

生 1：先把大数量分成几个相同的部分，估出一部分，再用乘法计算总数，也就是以小估大。

生 2：估算时，可以用四舍五入法把其中的乘数看作最接近的整十、整百数来进行估算。

师（总结）：今天我们又一次体会到估算的意义与作用，在今后的生活中我们会经常用到估算，老师相信你们一定会用这种方法解决生活中的问题。

【设计意图】课堂小结，再次回顾借助乘法用不同的方法对生活中的大数进行估算，体现出乘法的实际应用，发展数感。

课后反思

估算既能解决现实问题，又能培养学生的数感，相较于精确计算，它在日常生活中的运用更加广泛。运用乘法知识和“以小估大”的估算策略解决大数量的估算问题是本节课的重点，教师主要采用以下方法进行教学。

1. 挖掘知识“生长点”，根据学生已有的知识经验，选取贴近学生生活的实例“数豆子”，吸引学生的注意力，唤醒学生的估算意识，为接下来估算体育场能容纳的观众人数做铺垫。学生在经历数学知识形成过程的同时，培养了数学思维。

2. 引导小组合作交流，体会估算的意义，总结估算的方法，培养学生的数感。

3. 教学活动由易到难、层层递进。从估算体育场能容纳的观众人数，到估算草坪面积、报亭营业额，再到估算报纸字数，让学生自主思考、合作交流，探究多种估算方法，从而提高了估算能力，发展了数感。

“问题引领”促进数感培养——“邮票的张数”教学案例

案例背景

“邮票的张数”是北师大版数学五年级下册第七单元“用方程解决问题”第一课时的内容。此前，学生已经初步认识了方程，会用等式解简单的方程，以及利用方程解决简单的问题。从用方程解决含有 1 个未知数的问题到解决含有 2 个未知数的问题，学生在找等量关系、设未知数、列方程等方面存在困难。教师基于以上情况设计教学策略，让学生根据数学信息提出问题，引导学生运用画图等方法分析数量关系，找到对应的等量关系，再列方程解决问题，最后根据等量关系列出不同的方程，进一步感悟等量关系的价值。学生在解决问题的过程中发展了数感。

教学目标

1. 通过解决姐弟二人邮票张数问题，学会解形如$ax \pm x = b$这样的方程，进一步理解方程的意义。

2. 会分析简单问题中的等量关系，培养学生的数感。

3. 会用方程解决简单的实际问题。

教学重难点

教学重点：进一步理解方程的意义，学会用方程解决实际问题。

教学难点：找等量关系，根据相应的等量关系列方程解决实际问题。

课堂实录

一、创设情境，谈话导入

师：邮票具有丰富的历史和文化价值，很多人有收集邮票的爱好。奇思一家就喜欢收集邮票，奇思姐弟和妈妈分享了他们收集邮票的张数情况。

（课件出示：姐姐的邮票张数是弟弟的 3 倍，弟弟和姐姐一共有 180 张邮票。）

师：你从中获得了哪些数学信息？

生：一共有 180 张邮票，姐姐的邮票张数是弟弟的 3 倍。

师：根据这些信息，你能提出什么数学问题？

生 1：姐姐有多少张邮票？

生 2：姐姐比弟弟多了多少张邮票？

生 3：弟弟有多少张邮票？

师：想知道姐姐比弟弟多了多少张邮票，需要了解哪些信息？

生：需要了解姐姐、弟弟各有多少张邮票。

师：这节课我们就先解决姐姐和弟弟各有多少张邮票的问题。

【设计意图】充分挖掘生活中的素材创设相关情境，引导学生发现问题、提出问题，为后续数量关系教学做好铺垫，也拉近了数学与生活的关系。

二、直观分析，探索新知

（一）分析数量关系

师：这个问题和之前遇到的问题有什么不一样？你们想怎么解决问题？

生 1：之前的问题只有 1 个量未知，现在是 2 个量未知，我想用方程解决问题。

生 2：从姐姐的邮票张数是弟弟的 3 倍可知，他俩一共有 4 份邮票，先用 180 ÷ 4 求出 1 份邮票的张数，再根据姐姐有 3 份、弟弟有 1 份，求出他们各自的邮票张数。

师：两位同学的想法都很棒，那我们就来研究如何用方程解决这个问题。

【设计意图】引导学生分析问题，发现未知量的增加，确定用方程解决这类问题的策略。

（二）找等量关系

师：用方程解决问题的关键是什么？

生（合）：找等量关系。

师：请自主尝试，画一画或写一写的方法找出题中的等量关系，再与同桌交流分享。

生 1：弟弟□

姐姐△△△ } 180 张

生 2：根据“姐姐的邮票张数是弟弟的 3 倍”这条信息，我找到的等量关系是“姐姐的邮票张数 = 弟弟的邮票张数 ×3”。

生 3：我写的是“弟弟的邮票张数 = 姐姐的邮票张数 ÷3”。

生 4：根据“我和姐姐一共有 180 张邮票”这条信息，我找到的等量关系有“姐姐的邮票张数 + 弟弟的邮票张数 =180”“姐姐的邮票张数 =180 – 弟弟的邮票张数”“弟弟的邮票张数 =180 – 姐姐的邮票张数”。

生 5：也可写成“弟弟的邮票张数 + 弟弟的邮票张数 ×3=180 张”。

师：这个问题含有两个等量关系，倍数关系“姐姐的邮票张数 = 弟弟的邮票张数 ×3”、加法关系“姐姐的邮票张数 + 弟弟的邮票张数 =180”。

【设计意图】引导学生用画一画或写一写等方法将复杂的数量关系简单化，从而找到等量关系，既能培养学生的数感，也能让学生初步感受到数学表达的简洁与精准。

（三）列方程解决问题

师：怎样列方程解决问题？

生 1：我的解题过程如下。

解：设弟弟有 x 张邮票，姐姐有 $3x$ 张邮票。

$x+3x=180$

$4x=180$

$x=45$

$3x=135$

生 2：我的解题过程如下。

解：设姐姐的邮票有 x 张，弟弟的邮票有$\frac{x}{3}$张。

$x+\frac{x}{3}=180$

$\frac{4x}{3}=180$

$x=135$

$\frac{x}{3}=45$

师：用方程解决问题的一般步骤是什么？

生 3：找等量关系，设未知数，列方程，解方程，检验作答。

师：前面两位同学分别用了哪个等量关系“设”和“列”方程？

生 4：两种解法根据倍数关系设未知数，先设其中一个未知量为 x，另一个未知量根据倍数关系来表示，再列方程。

师：你们还有别的解法吗？可不可以反过来设和列方程呢？请尝试列方程。

生 5：我们可以根据第一个和的关系设方程，根据第二个倍数关系列方程，即设弟弟有 x 张邮票，则姐姐有（$180-x$）张邮票，此时方程为 $3x=180-x$。

师：谁听懂了？

生 1：在这个过程中，还是设弟弟有 x 张邮票，只是此时是根据和的数量关系表示姐姐的邮票张数，再利用倍数关系列方程。

生 2：原来如此，我们还可以设姐姐有 x 张邮票，则弟弟有（$180-x$）张邮票，此时方程为 $3\times(180-x)=x$。

师（小结）：当遇到“含有 2 个未知数”的问题时，我们习惯根据倍数关系设未知数，再利用和的关系列方程。

【设计意图】鼓励学生用列方程的方法解决问题，提高解决问题的能力。

（四）变式练习

师：刚刚我们用方程解决了含有 2 个未知数的问题，如果把“我和姐姐一共有 180 张邮票”改为“姐姐比我多 90 张邮票”，你们还能用方程来解决这个问题吗？请大家找出等量关系式，再用方程解决问题。

生：姐姐的邮票张数 - 弟弟的邮票张数 = 90 张，姐姐的邮票张数 = 弟弟的邮票张数 ×3，解题过程如下。

解：设弟弟有 x 张邮票，则姐姐有 $3x$ 张邮票。

$3x-x=90$

$2x=90$

$x=45$

【设计意图】设计变式例题，让学生再次经历用方程解决含有 2 个未知数的问题的全过程，进一步提高学生分析问题、解决问题的能力。

三、巩固练习，拓展提升

根据下列题中的信息写出等量关系，再列方程解决问题。

（1）钢琴有 88 个键，白键比黑键多 16 个，白键和黑键各有多少个？

（2）一幅画，长是宽的 2 倍，画框共用了 162 厘米长的木条，这幅画的长、宽各是多少厘米？

（学生独立解题，教师巡视，最后讲解两题。）

【设计意图】设计分层练习，引导学生厘清题中的数量关系，将实际问题抽象为方程，培养学生的数感。

四、课堂总结

师：回顾刚刚所学，你有哪些收获？

生 1：遇到含有 2 个未知数的问题，可以用方程来解决。

生 2：用方程解决问题，先找等量关系、设未知数，再列方程、解方程、检验作答。

生 3：用方程解决含有 2 个等量关系的方程，先根据倍数关系设未知数，再根据和差关系解方程。

生 4：会解形如 $ax \pm x = b$ 的方程。

师（总结）：通过今天的学习，我们学会了用方程解决实际问题，感受到等量关系的重要性，希望大家能积累经验应用到解决抽象问题中去。

课后反思

解决问题是研究数量关系及解决问题策略的过程，是对数学模型的抽象，也是培养学生创新能力、应用意识、数感的主阵地。本节课中，教师引导学生由抽象到具体，运用数学知识解决了“姐姐和弟弟各有多少张邮票”的问题，建立了简单的数学模型，即形如 $ax \pm x = b$ 的方程。

一、问题引领

学生从生活情境中提取数学信息，并提出本节课的核心问题：“姐姐和弟弟各有多少张邮票？”由于这是学生首次用方程解决含有 2 个未知数的问题，因此教师留出足够的时间和空间，让学生经历观察、猜测、推理、验证的过程，建立简单的数学模型，成功地解决了问题。学生主动提出问题、解决问题，真正成为学习的主体。

二、思维进阶

为了培养学生的创新意识和应用意识，教师鼓励学生尝试列出不同的方程。因为多数学生只会根据倍数关系设未知数、列方程，所以教师先引导学生对比、分析两个等量关系，根据和的关系设未知数。在这一过程中，学生深度理解等量关系的价值，提高了运用等量关系分析问题、解决问题的能力，培养了数学思维。

三、培养数感

为了有效培养五年级学生的数感，教师引导学生分析已有信息、深入思考，构建基于等量关系的分析框架，掌握用方程解决含有 2 个未知数的问题的方法。

计算游戏化促进数感培养——“10的加减法”教学案例

案例背景

“10 的加减法”是北师大版数学一年级上册第三单元“加减法（一）”中的内容。本单元是加减法教学的基础，本节课是计算教学的重要内容。

教学目标

1. 结合摆一摆、画一画等操作活动，探索 10 的加减法算式的计算方法，并能正确计算。

2. 学会解决简单的实际问题，初步发展解决简单的实际问题的能力，培养学生的数感。

3. 在生动有趣的情境中体验数学学习的乐趣，增强学习自信心。

教学重难点

教学重点：通过摆一摆、画一画等活动，掌握 10 的加减法算式的计算方法。

教学难点：理解加减法的意义和各部分间的关系。

课堂实录

一、问题导入

师：（课件出示图片）机灵狗正在向上爬楼梯，你们能提出一个减法问题吗？

生（合）：总共有 10 级楼梯，机灵狗爬了两级，还剩下多少级楼梯？

师：想一想，我们该怎样列式解答呢？

（结合学生发言，教师板书算式：10-2=8。）

师：谁来说一说，10-2=8 中各个数字都表示什么吗？

（教师引导学生把话说完整：“10”表示一共有 10 级楼梯，“2”表示已经爬了两级楼梯，“8”表示还没爬的楼梯。）

师：你是怎么算出结果的呢？现在请你用自己喜欢的办法来计算。你可以用小棒摆一摆，也可以用简单的符号（圆形、三角形等）画一画，还可以用手势比一比，请你动手开始吧。

（学生动手操作。）

师：谁来分享一下自己用了什么办法计算出结果？

（学生汇报结果。）

【设计意图】结合学生的生活经验和已有知识设计实践活动，让学生感受到数学就在日常生活中，培养学生的数感。

二、合作探究

师：老师将机灵狗爬楼梯的过程记录在表 5–2 中，你们看明白了吗？（请一两位学生回答问题）你们能完成这个表格吗？

表 5–2　机灵狗爬楼梯过程

10	0	1	2								
	10	9	8								

师：好，先听清楚老师的要求，同桌合作，用小珠子代替楼梯数量；一个人分，另一个人根据分法写算式，看哪对儿同桌合作好、分法多；没有同桌的同学可以自己分、自己写算式；听到铃声马上收拾好东西并坐好。

（全班交流，展示结果，小组汇报操作过程。教师根据学生汇报板书 10 的组成与加减法算式。）

师：大家合作得真好，我们再来看看机灵狗爬楼梯的过程吧。你们能用算式表示吗？

生（合）：10–2=8。

师：真棒！我们也来给小狗加油吧！——加油！还有 8 级！小狗再爬一级，还有几级呢？

生（合）：还有 7 级。

师：大家能用算式表示出来吗？

生（合）：10–3=7。

师：来，再给它加油！很好，在小朋友们的鼓励下，小狗一级一级地往上爬，小狗每爬一级，我们就告诉它“加油！还有 × 级”。

师：机灵狗成功地爬上了楼梯，你们也成功地完成了这个表格。

【设计意图】 设计摆一摆、填一填等趣味活动，让学生在动手、动脑的过程中体会到学习的乐趣，加深对10的加减法计算方法的理解。

三、练习提升

师：同学们真棒！下面我们来玩一个手指游戏。我出的手指和你出的手指加起来要等于10，准备好了没有？我出9。

生1：我出1。

师：我出2。

生2：我出8。

师：反应真快，我们再来玩一个游戏，这个游戏叫作“找朋友”。请有花朵的小朋友起立，举起来告诉大家那是几，与它相加等于10的好朋友在哪里，几和几是好朋友。

师：你们都找到自己的朋友了，那动物们还有没找到自己的朋友，愿意帮助他们吗？

【设计意图】 数学教学应是师生之间、生生之间交往互动与共同发展的过程。宽松、和谐的课堂氛围能够激发学生的学习兴趣和求知欲望。学生在游戏情境中感知10的分解与组成，进一步发展了数感。

课后反思

数感是数学学习的基石，其形成是一个渐进的过程，需要充分体验、经历和感受才能逐步建立起来。教师要精心挑选教学素材，鼓励学生自主探索、学会用数学知识及数学语言表达自己的思考，运用多种方法培养学生的数感。

思维可视化促进数感培养——“字母表示数”教学案例

案例背景

“字母表示数”是北师大版数学四年级下册第五单元的教学内容，是学生学习代数的入门知识。学生有用含有字母的式子表达运算律的经验，但认知和经验还多停留在用具体的数和式子表达数或数量关系的层面上，所以对含有字母的式子感到很陌生。

教学重难点

教学重点：明晰数量关系，用含有字母的式子表达运算律。

教学难点：从算术思维向代数思维过渡，发展数感。

课堂实录

一、课前导入

蛙蛙魔法学校广播通知：有同学近日在校园内捡到人民币 n 元，请失主前来广播室认领。

师：为什么不写具体钱数，而要用 n 来表示呢？

生 1：只有失主才知道 n 是多少元，防止冒领。

师：n 可以是多少？

生 2：可以是 1，表示拾到 1 元钱。

生 3：可以是 100，表示拾到 100 元。

师：看来字母 n 可以表示数，这节课我们就来学习——字母表示数（揭示课题）。

【设计意图】从生活中含有字母的例子引入，帮助学生建立一种初步的认识，同时为后面学习用字母表示数奠定基础。

二、实践操作

（一）续编儿歌

1. 播放儿歌《数青蛙》。

1 只青蛙 4 条腿，

2 只青蛙 8 条腿，

3 只青蛙 12 条腿，

……

【设计意图】通过听儿歌感受青蛙的腿的数量是青蛙只数的 4 倍。

2. 引出问题，学生独立思考：如果用 a 表示青蛙的只数，该怎样续编儿歌？

预设 1：a 只青蛙 a 条腿。

预设 2：a 只青蛙 b 条腿。

预设 3：a 只青蛙 $4\times a$ 条腿。

小组内讨论、交流，分析哪种表达方法是恰当的。

对于预设 1，如果 a 表示 1，那么就出现了 1 只青蛙 1 条腿，这种“独脚蛙”不符合实际情况。

对于预设 2，如果 a 表示 1，b 可以表示任何一个数，如 2、10、1000 等，就会出现“人蛙”或“千脚蛙”，也不符合实际情况。

对于预设 3，如果 a 表示 1，$4\times a$ 表示 4；a 表示 2，$4\times a$ 就表示 8，符合实际情况。

3. 小结。青蛙的腿数是只数的 4 倍，用 a 表示青蛙的只数，那腿数就用 $4\times a$ 表示，找准数量关系是关键。

【设计意图】先尝试用字母表示数，掌握用字母表示数的方法。学生经历了知识的形成过程，进一步理解了用字母表示数的意义与方法。

（二）用字母表示儿歌

1. 出示儿歌。

1 只青蛙 1 张嘴，2 只眼睛 4 条腿；

2 只青蛙 2 张嘴，4 只眼睛 8 条腿；

3 只青蛙 3 张嘴，6 只眼睛 12 条腿；

……

（　）只青蛙（　）张嘴，（　）只眼睛（　）条腿。

2. 学生自主思考，教师巡视指导。

3. 组织学生汇报并交流。

【设计意图】学生用不同的字母表示数，发现字母改变，但是数量之间的关系并未改变的道理。

（三）用字母表示数

问题 1：爸爸一共发了 100 元红包，哥哥的红包金额为 a 元，妹妹的红包金额为多少元?

（学生独立思考，小组交流。教师提问："这里的 a 可以表示多少？"）

问题 2：妈妈比淘气大 26 岁，如果用 n 表示淘气的年龄，淘气妈妈的年龄怎么表示呢?

（学生独立思考，回答问题。）

问题 3：说一说生活中用字母表示数的例子。

【设计意图】学习用字母表示数，简明地表达数量关系，真正理解所学知识，发展数感。

三、总结归纳

1 朵梅花 5 个瓣，2 朵梅花 10 个瓣，3 朵梅花 15 个瓣，________。

1 周有 7 天，2 周有 14 天，3 周有 21 天，________。

1. 用一句话写完上面两首儿歌。

2. 回顾本节课所学知识，介绍相关数学史。

【设计意图】数学源于生活，本环节将数学与生活有机结合，让学生感受到数学的魅力与价值。

课后反思

在本节课中，教师给予学生充分的思考和讨论空间，引导学生结合已有知识经验尝试用字母表示数，体会用字母表示数的必要性。同时，结合生活实际设计教学情境，让学生用含有字母的式子表达运算律，从算术思维向代数思维过渡，培养了符号意识和数感。

深度体验数的概念和意义促进数感培养
——“平均数”教学案例

案例背景

“平均数”是北师大版数学四年级下册第六单元的内容，属于“统计与概率”板块。平均数是一个统计学术语，表示一组数据的平均水平。学生了解简单的收集、整理数据的方法，本课是学生进一步学习统计与概率的关键内容，有助于学生深入理解平均数在统计学中的意义和作用。

教学目标

学会求平均数，理解平均数在统计学中的作用和意义，积累数据分析经验。

教学重难点

教学重点：体会平均数在统计学上的作用。

教学难点：理解平均数的意义。

课堂实录

一、巧设情境，提出问题

师：同学们，今天老师给大家介绍一个好玩的游戏，这个游戏叫作“记数王”。我们来看看是怎么玩的。首先是记，你有 3 秒的时间记住这 10 个数字。然后是写，你有 10 秒的时间把你记住的数字写在记录表上；当数字再次出现时进行核对，在记对的数字下面画对号。最后数一数有几个对号，谁记住的数字最多，谁就是“记数王”。游戏分为热身赛、正式赛两个环节，最终产生“记数王”。老师也玩过这个游戏，还玩了 5 次。第一次我记住了 5 个，第二次我记住了 4 个……同学们，你们觉得老师的记数水平怎么样？

生 1：我觉得老师的记数水平不怎么样，有一次才记了 4 个。

生 2：我觉得老师记数水平还行，有一次记了 9 个。

师：看来同学们对老师记数字的水平褒贬不一。如果让你用一个数来表示老师这 5 次记数字的水平，你认为用几合适呢？为什么？先想好用哪个数，然后和你的同桌说说你为什么用这个数。

（学生讨论。）

师：同学们都讨论完了吗？大家都挺有想法的，谁先来说说自己准备用几来表示，为什么用这个数字？其他同学可以同意他的答案，也可以不同意。谁先来？

生 1：我用 5 来表示，因为 5 出现了两次，出现的次数是最多的。

师：嗯！这是你的想法。有不同意见吗？

生 2：我用 6 来表示，因为它是这组数的平均数。

师：噢，你还知道平均数！

生 3：我感觉这个数会比 5 大一点点。

师：看来你是个很有数感的同学。还有谁想说一说？

生 4：我用 7 来表示，因为选 4 太少了，选 9 又太多了，所以我选一个不大不小的数——7。

师：还有想说的吗？

生 5：我用 9 来表示，因为这是老师最好的成绩，在跳远、举重等比赛中，就是取运动员成绩最好的那次记录。

师：刚才有人认为应该用 5 来表示，因为它出现了两次，但很多同学认为这个数最好既不大也不小，相对中等，比较合适。大家想知道哪个数字能代表老师的记数水平吗？请看屏幕，是 6。

【设计意图】巧设游戏情境，提出具有挑战性的问题，启发学生思考，激发学生的求知欲望。然后根据正确答案顺势引出下一个环节。

二、巧借学具，明确意义

师：这个 6 一出来，老师就有疑问了，我这 5 次的成绩中没有一次记住的是 6 个数字呀！这个 6 是怎么来的？老师给每两个同学准备了一个学具袋，同学们可以利用学具袋里的小圆片摆一摆，也可以在学习单上画一画，或者尝试算一算，看看这个6是怎么得出来的，开始！（黑板上贴好小圆片）谁先来说说，你是怎么得到6的？

生1：我是用摆一摆的方法得到6的。

师：请你给大家演示一下。（学生演示）谢谢这位同学！你们看明白了吗？谁来总结一下这个6是怎么得出来的？

生2：把多的补给少的。

师：把多的补给少的，让每一次都变得同样多。我们给这个方法起个名字——移多补少（板书）。老师用电脑再给大家演示一遍，将多的补给少的，就得到了6，这个6代表了老师平均每次记住数字的个数。大家有不一样的方法吗？

生3：我是用画一画的方法得到6的。

师：请展示一下你的作品，同时给大家说一说你的思路。

生3：我把这个多的圆片补给少的，这个也是，最后也得到了6。

师：你的表达很清楚！这位同学用画一画的方法得到了6，实际上也是用到了移多补少的方法。还有不一样的方法吗？有没有用计算的方法得到6的？

生4：我用5+4+7+5+9=30，再用30÷5也能得到6，先求出老师记住的数字总个数，再求出平均每次记住的数字个数。

师：你的思维真缜密，为你点赞！谁听明白了？

生5：他是把老师这5次记住的数字总个数加起来，因为记了5次所以就除以5，最后得到了6。

师：老师发现你不仅听得仔细，表达也很清楚。这里的30表示这5次记住数字的总数量（板书），5表示次数（板书），用总数量 ÷ 次数就得到了6。通过刚才的一系列操作，我们发现可以用6代表老师记数字的水平，这个6可以通过移多补少得到，也可以通过计算得到，那么6是不是老师某一次的成绩？

生（合）：不是。

师：那它代表什么呢？

生（合）：平均成绩。

师：也就是说，它代表老师的一个什么水平？

生（合）：平均水平。

师：平均水平！如果你要给这个6起个名字，它应该是这5个数字的什么数？

生（合）：平均数。

师：对啦！我们可以用平均数（板书）表示一组数据的平均水平（板书）。什么水平？

生（合）：平均水平。

师：平均数是什么？

生（合）：一组数据平均水平的代表。

师：回到这组数据，平均数6代表老师记数的平均水平，那老师实际记住的数字可能比6？

生（合）：多。

师：在水平线的上面。也可能比6？

生（合）：少。

师：在水平线的下面。我们还发现，平均数6一定会比这组数中的最大数要怎么样？

生（合）：小。

师：比最小数要怎么样？

生（合）：大。

师：老师觉得“记数王”这个游戏太好玩了，我又玩了一次，第六次我只记住了4个数字。同学们猜测一下，老师记数的平均水平会怎么样？

生（合）：下降。

师：老师不服气呀！我又玩了第七次。这一次我记数的平均水平提高了，你们猜老师第七次记住了几个数字呢？

生（合）：7~10个。

师：老师用动画给大家演示一下。同学们可以在课后跟老师分享这个问题的答案。现在我们知道了平均数是什么，而且会用摆一摆、算一算的方法得到平均数。接下来看大屏幕，淘气和笑笑也玩了“记数王”的游戏，淘气总共记住 40 个数字，笑笑总共记住 32 个数字，大家能判断谁记数的水平更高吗？

生（合）：不能，因为不知道他们总共玩的次数。

师：如果淘气玩了 5 次、笑笑玩了 4 次，你们能不能直接算一算谁记数的水平更高？在你们的学习单上算一算吧！（学生计算）来，同学们看看黑板上这两位同学写的，我们请这两位同学给大家说说他们是怎么算的。

生 1：先把淘气一共记住的数字个数加起来再除以玩了 5 次。

生 2：先算出笑笑一共记住的数字个数，再除以 4，就得出了平均数。

师：谢谢这两位同学！他们算对了吗？你们还有问题吗？老师倒是有个问题，算淘气记数水平的时候是除以几呀？算笑笑的时候呢？为什么？

生 3：因为淘气玩了 5 次，所以算淘气记数水平的时候是除以 5，算笑笑的时候就是除以 4。

师：我们通过计算发现，其实他俩记数的平均数是一样的。现在大家想一想，在生活中还有哪些用到平均数的例子呢？

生 1：考试的平均分。

生 2：我们班同学的平均身高。

生 3：今天的平均气温。

师：老师收集了一些生活中用到平均数的例子，我们一起来看看。

（课件出示：2021 年，国家发展和改革委员会等部门印发的《“十四五”公共服务规划》显示，到 2025 年，我国人均预期寿命为 78.3 岁。）

师：每个人的寿命都是这个数吗？

（课件出示：某小学女子足球队队员的平均身高是 1.55 米。）

师：队里所有队员都是 1.55 米吗？有没有队员刚好是 1.55 米？

【设计意图】以核心问题引领课堂教学，设计摆一摆、算一算等活动，让学生尝试求平均数，积累数据分析经验。

三、巧用练习，达成目标

问题 1：见表 5–3，奇思的语文、数学、英语三科的平均分是多少？

表 5–3　奇思分数

科目	语文	数学	英语	平均分
成绩 / 分	87	94	89	?

问题 2：见表 5–4，妙想的英语成绩是多少？

表 5–4　妙想分数

科目	语文	数学	英语	平均分
成绩 / 分	89	88		90

问题 3：淘气的身高是 130 厘米，他不会游泳，到平均水深 80 厘米的小河里洗澡，有危险吗？

【设计意图】设计分层练习，巩固本节课所学，促进教学目标的达成。

四、总结评价

师：同学们，今天这节课学到了什么？

生（合）：平均数。

师：关于平均数，你知道了什么呢？

生 1：我知道如何求平均数。

生 2：我知道平均数表示一组数据的平均水平。

师（总结）：在生活中，平均数能帮助我们解决很多实际问题，下节课我们将继续学习平均数。

【设计意图】深入理解平均数的意义、作用，培养数感和反思意识。

课后反思

“平均数”是本单元的重要内容。学生对平均数可能有感性认识，但并不一定能理解平均数在统计学中的意义和作用。因此，教师将教学的重点确定为，体会平均数在统计学上的作用，理解平均数的意义。课堂教学大致分为以下几个环节：在摆一摆、移一移、画一画等操作活动中理解平均数的意义；以核心问题引领课堂教学，帮助学生积累数据分析经验；开展分层练习，促进教学目标的达成。从上面的课堂实录中我们还可以发现，本节课有两个方面需要改进：一是教师的口语表达应该更准确、清晰；二是用计算的方法求平均数时，可以加入交流讨论的环节。

数感与量感协调培养——“铅笔有多长”教学案例

案例背景

“铅笔有多长”是北师大版数学二年级下册第四单元“测量”的第一课时。学生在二年级上学期认识了厘米、米这两个长度单位，能够理解 1 米等于 100 厘米。本节课中，学生将认识分米和毫米，根据具体情境选择合适的长度单位。

教学目标

1. 通过观察、测量、比较等活动，感受 1 分米和 1 毫米有多长，发展空间观念和动手操作能力。

2. 通过实际测量，掌握米、分米、厘米和毫米之间的关系。

3. 通过估一估、量一量等活动，提升估测能力。

教学重难点

教学重点：掌握米、分米、厘米和毫米之间的关系。

教学难点：能根据具体情境选择合适的长度单位。

课堂实录

一、问题导入

师：同学们，今天老师收到一封淘气寄给你们的信件，你们想知道信中写了什么吗?

（课件展示信件内容，教师读信。）

师：怎么回事，你们怎么笑起来了？来，你说说。

生 1：床怎么可能只有两厘米呢?

师：你觉得用什么单位合适呢?

生 1：用米。

师：大家赞成吗？还有其他需要改正的地方吗？

生 2：70 米的毛巾太长了。

师：你能帮淘气改正一下吗？

生 2：改成 70 厘米。

师：改得真棒！还有需要改正的地方？

生 3：学生卡不可能是 1 米。

师：1 米有多长呢，大家能用手比画一下吗？既然 1 米太长，我们改成 1 厘米可以吗？谁能用手比一比 1 厘米有多长？看来厘米和米用在这里都不太合适，怎么办呢？

生 3：分米。

师：你还知道分米呢！你一定是个善于观察和学习的孩子。然而 1 分米到底有多长呢？它和我们之前学过的长度单位又有什么联系呢？别着急，同学们的学具袋里有两支铅笔，分米的奥秘就隐藏在铅笔里面。现在请你们拿出 1 号信封里长的那支铅笔，用尺子量一量，看看这支铅笔有多长（板书课题）。测完的同学和你的小伙伴分享你的测量方法。

二、探究新知

师：谁愿意分享一下自己的测量方法！好，你来！注意哦，声音洪亮，边量边说。

生 1：测量时，铅笔的一端要对准尺子的 0 刻度，看铅笔另一端对准数字几，这里对准了 10，所以铅笔的长度是 10 厘米。

师：你的声音字正腔圆，表达也很清晰，准确地量出铅笔的长度是 10 厘米。大家量出来了吗？

生（合）：量出来了。

师：其实 10 厘米还可以用一个新的长度单位来表示，那就是 1 分米。来，我们一起把智慧老人的话读一读。1 分米就是 10 厘米（板书：1 分米 =10 厘米），它还可以用字母来表示，读作：1 dm=10 cm。我们一起读一遍，好吗？

（学生朗读。）

师：接下来老师想和大家玩两个游戏，第一个游戏叫作“寻找1分米”。谁能把游戏要求读一读？（生读）好的，明白了游戏要求，就和你的组员一起来寻找1分米吧。

（教师巡视并进行指导。）

师：谁愿意说说自己找到的1分米是从哪个刻度到哪个刻度？

生2：我找到的1分米是从0刻度到10刻度。

师：为什么0刻度到10刻度是1分米呢？

生2：因为1分米就是10厘米。

师：你是说，0刻度到10刻度的长度是10厘米是吗？你能数出来吗？

（学生上台演示，从0数到10厘米。）

生3：我找到的1分米是从10刻度到20刻度。

师：也请你数一数好吗？

生4：1分米也可以是从15刻度到25刻度。

师：这一次老师指，大家一起来数一数好吗？（生读）无论是从0刻度到10刻度、从10刻度到20刻度，还是从15刻度到25刻度，它们表示的长度都是10厘米，而10厘米就是1分米。刚才同学们用直尺找到了1分米，现在能用“身体的尺子”找到1分米吗？下面进入第二个游戏环节——感知1分米。依旧请一个同学把游戏要求读一读。（生读）听明白要求了吗？那就开始动手吧。

（学生动手操作。）

师：谁的1拃最接近1分米？请这位同学给大家比一比。大家伸出手，一起跟他比一比，记住这个感觉，现在你的1拃就是1分米。你们认识1分米了吗？刚才我们知道了这支铅笔的长度是1分米，那么2支铅笔连在一起是多长呢？3支呢？10支呢？10分米还可以怎样表示？老师有一堆重叠的1分米长条，现在我将长条慢慢展开，同学们和我一起数一数。这是1分米，也就是10厘米；这是2分米，也就是20厘米；这是3分米，也就是30厘米……10分米就是100厘米。而我们之前学过，100厘米就是1米，所以10分米就是1米。分米也可以用字母来表示，1 m=10 dm（板书：认识毫米）。

【设计意图】通过量一量、说一说等活动，认识分米，厘清米、分米、厘米之间的关系。

三、动手测量

师：通过测量这支铅笔的长度，我们认识了一个新的长度单位——分米，那么另一支铅笔会带给我们什么惊喜呢？现在请大家拿出学具里那支短铅笔，量一量它的长度。

（如果有学生说出“毫米”——）

生 1：铅笔长 6 厘米 3 毫米。

师：噢，你还知道毫米呢，知识储备可真丰富。是的，毫米就是我们今天要认识的第二个新朋友。在生活中，我们用厘米做单位去测量物体长度的时候，经常会遇到测量结果不是整厘米数的情况。为了使测量结果更加精确，就需要一个比厘米小的长度单位来帮忙，它就是毫米。这里的每一个小格代表 1 毫米。

（如果没有学生说出“毫米”——）

生 2：我的铅笔长 6 厘米。

师：真的是 6 厘米吗？你再仔细看看。

生 2：比 6 厘米多一点点。

师：同学们，我们用厘米做单位去测量物体长度的时候，经常会遇到测量结果不是整厘米数的情况。有时候就会像这样多出来一点点。为了使测量结果更精确，就需要一个比厘米还要小的长度单位来帮忙，知道它是谁吗？

生 3：是毫米。

师：真聪明！毫米是我们今天要认识的第二个新朋友，尺子上每 1 小格就代表 1 毫米。仔细观察尺子，1 厘米中有几个这样的小格呢？谁能上台来数一数？请你上台来数一数，其他同学在座位上跟着他一起数。

生 4：1，2，3……10。1 厘米中有 10 个小格。

师：所以 1 厘米 =10 毫米（板书：1 厘米 =10 毫米）。也可以用字母表示，1 cm=10 mm。来，跟着老师读一遍。

（学生齐读。）

师：现在大家知道这支短铅笔有多长了吗？先自己数，再拿尺子跟着老师一起数。1 厘米，2 厘米……6 厘米，6 厘米 1 毫米，6 厘米 2 毫米，6 厘米 3 毫米，所以铅笔的长度是 6 厘米 3 毫米。接下来，老师要和大家玩“卡片有多厚”的游戏。首先请大家用手比画出一个 1 毫米给老师看看。很好，手放下。现在拿出 2 号信封里的学号卡，量一量卡片的厚度是多少，量出来了吗？

生（合）：1 毫米。

师：请仔细感受 1 毫米的长度，然后拿出你们小组所有的卡片叠放在一起。大家想一想，这些卡片的厚度是多少呢？

生（合）：10 毫米。

师：为什么？

生（合）：因为 1 张卡片是 1 毫米，10 张卡片就是 10 毫米。

师：10 毫米还可以用什么单位表示？

生（合）：1 厘米。

四、实践探究

师：大家认识分米和毫米了吗？谁能说一说生活中哪些物品可以用毫米和分米作单位？

生 1：一拃长是 1 分米。

生 2：我的学生卡长度大约是 1 分米。

生 3：手机长度大约是 1 分米。

生 4：书本纸张的厚度大概是 1 毫米。

生 5：一分硬币的厚度大约是 1 毫米。

生 6：指甲盖的厚度大约是 1 毫米。

师：生活中处处有数学。老师想要和大家一起研究这张汽车设计图，你们发现了什么？有的同学已经发现了，汽车为什么要以毫米作单位呢？其实用毫米作单位并不是因为汽车比较小，在这里，毫米表示的是一种精确的程度，测量所用单位越小，其结果越精确。所谓“差以毫厘，失之千里”，哪怕是很微小的错误，也可能造成巨大的损失。这就教育我们，必须脚踏实地，养成谦虚谨慎和求真务实的学习态度。

五、巩固新知

师：今天我们通过测量铅笔有多长，认识了两位新朋友——毫米和分米。（板书：分米、毫米的认识）那么截至目前，我们一共认识了哪些长度单位呢？

生（合）：毫米、分米，以及上学期学过的厘米和米。

师：能否将这些长度单位按照从小到大的顺序排列起来？（点人作答）现在请你和你的小组成员在米尺上找一找 1 毫米、1 厘米、1 分米和 1 米，再填一填、想一想，大家有什么发现呢？

生 1：这是 1 毫米，1 毫米就是一个小格。这个是 1 厘米，1 厘米里有 10 个小格，1 厘米等于 10 毫米。

师：你的 1 分米在哪儿呢？从哪里到哪里？

生 2：这是 1 分米，从 0 刻度到 10 刻度。1 分米里有 10 个 1 厘米。

师：还有 1 米，你找到 1 米了吗？

生 3：找到了。从 0 刻度到 100 刻度是 1 米。因为 1 米等于 100 厘米。

师：1 米或者 100 厘米和分米有什么关系呢？

生 3：1 米或者 100 厘米都等于 10 分米。

师：同学们，观察屏幕上的数字，发现 1 毫米、1 厘米、1 分米和 1 米之间的关系了吗？

生（合）：它们都隔着 10。

师：是的，相邻两个长度单位之间的进率都是 10。我们上学期学过 100 厘米等于 1 米，所以厘米和米之间的进率是 100。这说明，如果中间隔一个长度单位，它们之间的进率就不再是 10，而是 100。大家仔细观察一下，还有进率是 100 的两个长度单位吗？

生（合）：毫米和分米。

师：大家反应真快！毫米和分米之间的进率也是 100。我们现在知道，相邻的两个长度单位之间的进率是 10，隔一个长度单位进率是 100，大家猜一猜，如果隔两个长度单位的话，进率是多少呢？

生（合）：1000。

师：谁和谁中间隔着两个长度单位呢？

生（合）：毫米和米。

师：所以米和毫米之间的进率是1000。

六、课堂练习

师：同学们翻开课本，完成上面的习题。请你边做边思考，这一道题考查了哪两个长度单位之间的关系呢？它们的进率又是多少呢？

七、课堂小结

师：今天这节课，大家收获了什么？

课后反思

本节课的教学内容是进一步认识长度单位，其中重点是了解1分米和1毫米有多长。这种“认识”是学生通过对具体事物的想象、估算、数数、测量等来建立表象，获得体验。在教学过程中，教师设计了多个体验活动，如测量铅笔长度、在直尺上寻找1分米、用身体尺子表示1分米、展开折叠的1米长条、齐数毫米小方格、小组合作测量卡片和硬币厚度等，让学生充分感受1分米、1毫米有多长。当学生建立对长度单位的感性体验后，再迁移到理性而系统的单位换算，掌握长度单位之间的关系。

数概念与数感教学方法探究——“生活中的比”教学案例

案例背景

“生活中的比”是北师大版数学六年级上册第六单元“比的认识”的第一课。学生此前学过除法的意义、分数的意义以及分数与除法的关系。什么是比？数学中的比和生活中的比有什么区别？比的价值和意义是什么？学生会在本节课找到答案。

教学目标

1. 理解比的意义，以及比与除法、分数的关系，掌握求比值的方法。

2. 培养分析问题、解决问题的能力。

教学重难点

理解比的意义，以及比与除法、分数的关系。

课堂实录

一、猜一猜

师：（出示照片）猜一猜，将这张照片缩放到以下哪个框中，会和原来的照片比较像？

（学生猜测。）

师：老师把照片放进去，看看你们猜得对不对。（出示动画）跟你们猜想的一样吗？哪些照片和 A 比较像？

（教师点名回答问题。）

师：那 C、E 为什么不像？

生 1：C 太胖了，E 太长了。

师：你觉得照片像或不像和什么有关系？

生 1：跟照片的长和宽有关。

师：大家都同意她的说法吗？照片像或不像跟它的长和宽有什么关系呢？我们一起来研究一下。

【设计意图】概念课往往比较枯燥，教师用观察、猜测、验证等方法激发学生的学习兴趣，从生活常见的情境出发，让学生感受到数学与生活的密切联系。

二、说一说

师：这些照片都是什么图形？

生（合）：长方形。

师：为了便于研究长方形长和宽的关系，我们要用到方格纸。

［活动一：数出长和宽（师生共同数），说出长和宽的关系，交流照片相似的原因。］

生 1：图片 A 的长除以宽的结果是 1.5，图片 B 的长除以宽和图片 D 的长除以宽结果都是 1.5，所以当图片的长除以宽的结果相等时，照片比较像。

生 2：图片 A 的长是图片 B 的 2 倍，A 的宽也是 B 的 2 倍，所以它俩比较像。图片 D 的长是 A 的 2 倍，D 的宽也是 A 的 2 倍，所以也比较像。

师：为什么你们都想到用除法去探究长和宽的关系呢？

生（合）：因为图片的放大、缩小和倍数有关系。

师：是的。这种两个数相除的关系，数学家们用另一种方式来表示，想不想知道他们是怎么表示的？请看微课。

（教师播放微课。）

师：看完视频，你们知道了什么？

（教师点名回答问题，同时板书比的定义、比各部分名称、求比值。）

师：今天我们一起来认识比（板书课题）。

师：有没有同学知道 6∶4 表示什么？

生（合）：表示图片 A 的长与宽的比。

师：你们还能找到其他的比，并且说一说比的意义吗？

生（合）：可以。

（活动二：找一找，写一写，说一说。）

师：请同学们拿出学习单，找到一组比，求比值，并说说这个比表示的意义。

生 1：我找到了 12∶8=12÷8=1.5，表示的是图片 D 的长与宽的比。

生 2：我找到了 12∶6=12÷6=2，表示的是图片 E 的长与宽的比。

师：同学们能找到与这个比值一样的比吗？你们发现了什么？

生（合）：相似照片的比值是一样的。

师：比值一样，照片就像？有要补充的吗？（强调比的对应关系及顺序）什么的比值？

生（合）：照片长和宽的比值一样，照片就像。

【设计意图】比是指两个量的倍数比关系，改变长和宽的比，照片就会发生变化。在探究活动中，教师逐步引导学生从零散地看数据变为联系起来看数据，从只关注数量变为关注规律，从只关注表面变为揭示内涵，加深学生对比的认识。事物的长度、面积、体积、质量等常见量可以直接度量，但形状、颜色、味道、速度等有时则不可直接度量。人们用感官判断照片形状像不像、哪件衣服的颜色更绿、哪杯甘蔗汁更甜，若没有比较依据，结果便不够准确，所以就产生了比，用两个可以度量的量来表示事物的关系，如照片长和宽的比、甘蔗汁和水的比等。用比记录对等关系，可以表征事物不可度量的属性，使这些属性具有可比性。总之，比源于度量，度量解决了物体可度量的属性的可比性，比却能够解决物体不可度量的属性的可比性，这就是比的本质。

三、比一比

师：你们见过生活中的比吗？

生 1：比赛场上红队与蓝队的比是 12∶13。

师：同学们仔细思考一下，这个比分和我们今天学习的比一样吗？ 4 人小组讨论一下。

生 2：不一样，因为今天学习的比是两个数相除的关系，但比分不是相除，而是相差的关系。

师：有道理，你们能不能找到生活中的类似今天所学的比呢？

（学生回答问题，注意比的对应关系。）

【设计意图】数学知识源自生活，并运用于生活。根据新课标“使学生感受数学与生活的密切联系，从学生已有的生活经验出发，让学生亲历数学的过程”的要求，教师引导学生捕捉生活中的数学现象，将数学知识和生活实际结合起来，利用比的度量属性解决实际问题。

课后反思

这节课作为起始型概念课，以意义建构为核心，让学生抓住概念本质，深刻理解概念内涵。面对新概念“比”，学生经历概念的发生、形成过程，理解比的意义及价值。教师要用生活在数学知识和学生之间架起一座桥梁，让学生学会用数学的眼光观察世界，在实践与探究的过程中发展数感。

以学生为中心的课堂数感培养——“方程”教学案例

案例背景

本节课是北师大版数学四年级下册第五单元“认识方程”的第三课，教学内容是根据等量关系列出方程。

教学目标

1. 结合具体情境，用多种方法表示等量关系，加深对等量关系的理解。

2. 初步体会等量关系在日常生活中的广泛存在，体会数学的应用价值。

教学重难点

理解并用多种方法表示等量关系。

课堂实录

一、创设情境，理解等量关系

师：同学们，今天我们来研究等量关系。什么是等量关系呢？有想法的请举手。

生1：我认为就是表示相等的关系。

师：你觉得等量关系应该是相等的。其他同学也这么认为吗？请看图5-2，你们觉得哪幅图中有等量关系？为什么？

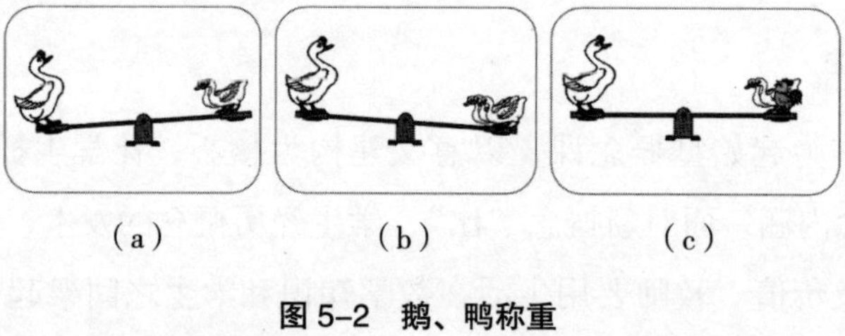

（a）（b）（c）

图5-2 鹅、鸭称重

生 2：我觉得第三幅图天平平衡了，1 只鹅的质量相当于 2 只鸭和 1 只鸡的质量，这应该是等量关系。

生 3：第三幅图左边和右边一样重，所以是等量关系。

师：其他同学觉得呢？是的，像这样表示两部分的量相等的关系，我们称为等量关系。

【设计意图】初步感知“天平的左边和右边两部分质量相等的关系”，理解等量关系就是两部分的量相等的关系。

二、探究交流，表示等量关系

师：既然知道了什么是等量关系，那么我们就来找找等量关系。

（课件出示：姚明的身高是笑笑的 2 倍，笑笑比妹妹高 20 厘米。学生在学习单上用画一画或写一写的方法探究妹妹身高和姚明身高、笑笑身高的关系，4 人小组交流。组内推选作品，全班分享，教师适时点拨。）

生 1：妹妹的身高 +20= 笑笑的身高（式子），妹妹的身高 ×2= 姚明的身高（式子）。

生 2：画图。

（教师根据学生发言小结并板书：妹妹的身高 +20= 笑笑的身高，妹妹的身高 ×2= 姚明的身高。）

生 3：笑笑的身高 –20= 妹妹的身高（式子），姚明的身高 ÷2= 妹妹的身高（式子）。

生 4：画图。

（教师小结并板书：笑笑的身高 –20= 妹妹的身高，姚明的身高 ÷2= 妹妹的身高。）

生 5：“姚明的身高 ÷2= 妹妹的身高”这个等量关系和线段图是一样的，妹妹的身高是 1 段，姚明的身高是 2 段。

生 6：“姚明的身高 ÷2= 妹妹的身高”这个等量关系和“妹妹的身高 ×2= 姚明的身高”也是一样的，只不过一个是用乘法表示，另一个是用除法表示。

师：说得真好，看来等量关系既可以用画图来表示，也可以用等式来表示。你们发现了同一个等量关系可以有不同的表示方式，加深了对等量关系的理解。那么老师来考考你们，还有同学写了这样一组等量关系：姚明的身高 ÷ 2= 笑笑的身高 – 20 厘米。你们能看懂吗？

生 7：因为姚明的身高除以 2 得到的是妹妹的身高，姐姐的身高减 20 得到的也是妹妹的身高，所以两边相等。

师：没错，等量的等量也是相等的，根据这一点也能写出等量关系。以后我们学习列方程解决问题就是根据这个找等量关系的。

【设计意图】方程的本质是“等号”，也就是等量关系，即同一件事情用不同的方式表示出来，再用等号连接起来。列方程解决问题的关键是找等量关系，用式子（姚明身高 ÷ 2= 笑笑身高 −20 厘米）引导学生明白等量的等量也是相等的，从而为学生后续学习列方程解决问题打好基础。

课后反思

良好的数感能够强化学生对数字的敏感度，本节课以学生为中心进行教学，让学生初步感知“天平左边和右边两部分质量相等的关系”，理解等量关系就是两部分的量相等的关系，培养了学生的数感，提升了学生的合作学习和探究评价的能力。当然，数感的培养不是一蹴而就的，而是需要长期的、系统的训练和积累。在今后的教学中，教师应更加注重培养学生的数感，让学生感知数学、理解数学、运用数学。

扎根课堂教学，深耕数感培养——“温度”教学案例

案例背景

本节课是北师大版数学四年级上册“生活中的负数”这一单元的内容，属于“数与代数”知识体系中数的认识范畴。在本节课之前，学生已经学习了自然数，并有了一定的数感，接下来学习用数学语言描述“温度”，理解负数的意义和作用，进一步发展数感。

教学目标

1. 正确读写温度计示数，会用正负数表示温度，比较多个零下温度的高低。

2. 通过观察、实践、探究等活动培养学生的合作意识，发展数感。

教学重难点

正确读写温度计示数，比较多个零下温度的高低。

课堂实录

一、问题导入

师：（出示课件）这是 5 个城市的温度记录，你们能读出上面的温度吗？

生 1：零上 5 度。

生 2：零上 5 摄氏度。

……

师：数学表达应准确、规范，℃是常用的温度计量单位，读作摄氏度。大家能用最富创意的方法表示这两个温度吗？关键是让别人一眼就能看懂。试一试，写在学习单上，开始！

（学生填写学习单。）

师：老师发现很多同学用了极富创意的方法表示这两个温度。请这几个同学讲一讲自己的想法。

生 1：我用向上的箭头表示零上、向下的箭头表示零下，再在箭头下面标出数字 5 和 2，分别表示零上 5 摄氏度和零下 2 摄氏度。

生 2：我画了一个表格，标出零上（比较热）、零下（比较冷），在表格的另一列写上数字 5 和 2。

生 3：我的方法比他们的更简洁，我用加号表示零上、减号表示零下，零上 5 摄氏度是 +5、零下 2 摄氏度是 –5。

师：同学们都用了不同的表示方法，真了不起！每个人都能看懂自己的表示方法，但是能看懂其他同学的表示方法吗？这样方便大家交流吗？

生（合）：不方便。

师：那么该怎么办呢？

生（合）：统一用一种方法表示温度。

师：大家觉得哪种方法更好？

生4：第一种方法简单明了，但是画起来太麻烦。第二种方法比较简便，但记录不够便捷。第三种方法非常简洁，用一个数字就能表示温度，而且“+”“-”两种符号巧妙地区分出零上和零下。

师：用“+5℃”“-2℃”这样的数学符号表示温度最简洁、高效，看来数学学习与生活实际是紧密相连的呀。

［板书：零上5℃　　+5℃　　5℃（+可以省略）

零下2℃　　-2℃　　（-不能省略）］

【设计意图】学生用多种方式表示零上5℃和零下2℃，了解到5℃比0℃高5℃、-2℃比0℃低2℃，掌握“+”“-”两种符号的使用方法，培养学生的符号意识。

二、实践探究

（一）认识温度计

师：日常生活中，我们用什么测量气温？

生（合）：温度计。

师：（出示教具）你们知道哪些关于温度计的知识？温度计上有个“0”，叫零刻度线，表示气温为“0℃”。冰水混合物的温度为0℃，零刻度线上面的温度是零上温度，零刻度线下面的温度是零下温度。温度计上有很多刻度，1小格表示1℃，1中格表示5℃，1大格表示10℃……大家能在温度计上找到“+5℃”和“-2℃”这两个温度吗？说说是怎么找到的。

生1：+5℃就是零上5℃，先找到零刻度线，然后往上数5小格，就是+5℃。

生2：-2℃就是零下2℃，同样先找到零刻度线，然后往下数2小格，就是-2℃。

（二）比较温度的高低

1. 同桌两人合作，将温度标在温度计上，完成学习单第三题。

2. 将温度按顺序排一排。

【设计意图】联系生活实际，读写温度计示数，比较温度的高低，深入理解“+”“−”符号的实际意义，初步领悟温度计与数轴的相通之处，感知数的基本属性。

（三）拓展应用，培养数感

[课件出示：

零下 2℃（　　）　零下 4（　　）　零下 17（　　）

学生独立填写学习单，小组合作总结填法，进一步明确用符号表示零下温度的方法。组织全班讨论“哪个温度最低”，教师适当加以引导。]

生 1：在温度计上，离 0℃越远，零下温度越低，−17℃离 0℃最远，所以 −17℃最低。

师：总结得真到位呀！老师了解到，黑龙江昨天最低气温是 1℃，今天比昨天降低了 5℃，那么今天最低气温是多少摄氏度？

生 2：用昨天的温度减去降低的温度就可以得出结果，列式为 1−5。

师：怎么算出这个结果呢？

生 2：在温度计上标一标，1℃往下数 5 格是 −4℃，所以比 1 少 5 的数是 −4。

【设计意图】通过比较温度的高低，初步感悟负数比较大小与正数比较大小的区别，体会负数的重要性。

课后反思

数感培养是一个长期过程，教学应聚焦核心素养，让学生自主观察、操作、交流，亲身经历实践活动，积累丰富的经验，才能更好地培养数感。

从“算”出数感到“估”出数感——“人民币兑换”教学案例

案例背景

“人民币兑换”一课选自北师大版数学五年级上册第一单元。通过人民币和其他币种的兑换，体会求积、商近似值的必要性，感受数学与日常生活的联系。结合人民币兑换的情景，探索除数大于1（或小于1、接近1）时，商与被除数之间的关系，并能用探索出的规律，进行一些小数除法的估算与计算。本案例着重说明“数的运算”过程能够引导学生根据经验“估”出数感，是小学生巩固、发展数感的过程。

教学目标

认识人民币大小写形式，初步掌握将外币兑换为人民币的计算方法。

教学重难点

初步掌握将外币兑换为人民币的计算方法。

课堂实录

一、课堂引入

师：同学们，在生活中，我们出国旅游或者和其他国家做生意，都需要兑换货币，你们知道怎么兑换货币吗？今天，就让我们一起来研究人民币的兑换！

二、问题探索

问题1：谁能读懂以下数学信息？

中国银行

2020年8月8日

1美元兑换人民币6.95元

1 欧元兑换人民币 8.18 元

1 新元兑换人民币 5.06 元

100 日元兑换人民币 6.55 元

100 泰铢兑换人民币 22.24 元

……

淘气：中国银行……1 美元兑换人民币 6.95 元，1 欧元兑换人民币 8.18 元……这是什么意思啊？

师：不同的国家会发行使用自己国家的法定货币，比如说我们中国的法定货币就是人民币，美国的法定货币是美元。

笑笑：我听妈妈说过，欧盟使用欧元，新加坡使用新元，英国使用英镑……

师：是的，不同国家的货币如果要相互兑换，会有不同的汇率，就像上面所列的一样，按照这个汇率，我们就知道人民币和其他不同币种之间应该如何兑换了。

淘气：前一段时间，美国小朋友玛丽给笑笑寄来一本故事书，玛丽说这本书她是在美国买的，花掉了 6.70 美元，要是折合成人民币，那是多少元啊？

师：这就是一个货币兑换的好问题，6.70 美元折合成人民币是多少元？你能解决这个问题吗？想一想，用计算器算一算。

奇思：1 美元兑换人民币 6.95 元，这到底是什么意思啊？

妙想：1 美元兑换人民币 6.95 元，也就是 1 美元相当于人民币 6.95 元，那 6.70 美元，可以用 6.70×6.95，数字好复杂，不过，我有计算器，嗯，结果是 46.565 元。

机灵狗：46.565 元是 46 元 5 角 6 分 5——后面这个 5 怎么办呢？

师：同学们，我们学过的钱的单位有元、角、分，所以我们在计算时用四舍五入法保留两位小数就行了。

奇思：明白了，也就是把第三位小数四舍五入算到小数点后两位就可以啦！

妙想：46.565 保留两位小数，那就是约等于 46.57 元。原来这本故事书要折合成人民币，需要 46.57 元呢！

笑笑：那是，不过比书更珍贵的是玛丽对我的情意，我会好好珍惜她寄来的书的。

问题2：谁知道如何用人民币兑换美元？

奇思：妈妈给了我 600 元人民币，我想把 600 元都兑换成美元，可以换多少美元呢？

妙想：这个简单。1 美元可以换人民币 6.95 元，600 元人民币能换多少美元，就是看看 600 元里面有几个 6.95 元人民币，我们可以用 600 ÷ 6.95。我用计算器算一下 600 ÷ 6.95=86.330935……这么多小数，除不尽啊！

淘气：除不尽也没有关系，只要知道是几角几分就行，所以保留两位小数是 86.33 美元。

妙想：哈哈！看来人民币的兑换最后结果要保留两位小数，就要看第三位小数是多少，再四舍五入就可以啦！

问题3：谁知道如何用人民币兑换欧元？

奇思：我还想知道，用 5000 元人民币能兑换多少欧元呢？

妙想：我知道！别看 5000 这个数字这么大，但道理是一样的。因为 8.18 元人民币可以兑换 1 欧元，5000 元人民币里面有几个 8.18 元人民币就是能兑换几个 1 欧元，5000 ÷ 8.18=611.246……保留两位小数，所以是 611.25 欧元。

师：同学们可真棒！不仅人民币和外币兑换的规则说得非常清楚，还能根据实际情况保留两位小数。

机灵狗：哈哈，我明白了，人民币能兑换多少外币用人民币除以汇率就可以啦！

三、归纳总结

师：同学们真棒，通过刚才的学习，你有哪些收获呢？

笑笑：今天我知道了不同国家会发行使用自己国家的法定货币，不同国家的货币可以根据汇率兑换。

奇思：爸爸说很早以前 1 美元可以兑换 8 元人民币，为什么和我们用到的汇率不一样呢?

笑笑：我知道，我知道，因为汇率是在变化的，今天的汇率和昨天的汇率就不一样呢!

师：你们可真是观察仔细、勤于思考的好孩子。不同时间的汇率是不一样的，汇率还代表了一个国家的进出口情况，感兴趣的同学课后可以查阅资料，了解更多汇率知识。

机灵狗：所以不论是外币兑换人民币，还是人民币兑换外币，首先一定要知道当天的汇率。

淘气：是呀，只要知道了汇率，我们就可以进行人民币和其他货币的兑换了，比如把人民币兑换外币时，要用人民币除以汇率；把外币兑换人民币时，要用外币乘以汇率。

妙想：当我们兑换时，如果有很多小数位数时，我们先除到小数点后第三位，再根据四舍五入保留两位小数。

师：接下来，我们一起用今天学到的知识试着解决生活中的问题吧!

四、巩固练习

练习1：用人民币兑换新元。

笑笑：妈妈从新加坡旅游回来，回国时还剩 1300 新元。我想知道这些新元能兑换多少人民币，妈妈回国那天的汇率是 1 新元兑换人民币 5.11 元。

奇思：这好办。1 新元兑换人民币 5.11 元，1300 新元就能兑换 $1300 \times 5.11=6643$（元）。

笑笑：太好了。原来妈妈旅游回来还有 6643 元。人民币的兑换可真有意思，学会它，我可以做妈妈的小会计了。

练习2：用人民币兑换欧元。

淘气：我也要做小会计。爸爸马上要去法国学习一段时间，他带了 6000 元人民币去银行兑换，汇率是 1 欧元可以兑换人民币 8.19 元，爸爸能兑换多少欧元呢!

笑笑：这还不简单，人民币的兑换都用乘法，直接用 6000 乘以 8.19 就行了，结果等于 49140 欧元。

淘气：呃，有点不对劲。我记得爸爸去银行之前说过不会比 6000 这个数字大的。

妙想：我来看看。8.19 元人民币才等于 1 欧元，6000 元人民币等于多少欧元，就是要看 6000 里面有几个 8.19，要用除法。

笑笑：那我马上改过来，$6000 \div 8.19 \approx 732.60$（欧元），保留两位小数是 732.60 欧元。（要用计算器算）

淘气：对，爸爸说就是这么多钱。

机灵狗：人民币兑换时一定要仔细哦。

师（总结）：同学们，经过今天的探索学习，你学会了不同货币之间的兑换方法了吗？请同学们试着用今天学到的知识解决生活中的问题吧！同学们，再见。

聚焦情境之源，催生数感意识——“文具店”教学案例

案例背景

本节课是北师大版数学三年级上册第八单元的第一课。元、角、分是小数的一种常见的、直观的、应用广泛的现实模型，学生在本节课初步认识小数。所谓初步认识小数，就是借助元、角、分认识小数。教材选择学生熟悉的“文具店”情境应用小数，很多文具的单价都用小数表示，抽象的数字变得形象化，更易于学生理解小数的意义。

按照新课标要求，小数学习分为两个阶段，第一学段是结合具体的生活情境初步认识小数，为第二学段系统学习小数的意义、分数与小数的关系打下基础。

教学目标

1. 结合具体情境，借助元、角、分初步理解小数的意义，学会认、读、写简单的小数。

2. 能把几元几角几分的人民币的币值用以元为单位的小数表示，也能把

以元为单位的小数改写成几元几角几分的形式。

3. 感受小数在日常生活中的广泛应用，体会数学与日常生活的密切联系。

教学重难点

理解小数的意义，掌握单位之间的进率。

课堂实录

一、巧设情境，认识小数

师：课前老师先和同学们玩一个猜一猜的游戏。大家猜一猜，数学书的售价是多少元钱?

生 1：我猜是 20 元。

师：这个价格太贵了。

生 2：老师认为 20 元贵，那么价格应低于 20 元，那我猜是 10 元。

师：你很会推理，但比 10 元还要便宜一些。

生 3：我觉得是 7 元。

师：很接近了，比 7 元还要便宜一点点。

生 4：是 6 元吗?

师：比 6 元贵哦，数学书的售价不一定是整数。

生 5：我觉得是 6 元 5 角。

师：你为什么猜 6 元 5 角呢?

生：因为比 6 元贵，比 7 元便宜，那就可能是它们中间的 6 元 5 角。

师：你真会思考，思路特别清晰。

……

师：大家看一看数学书封底的价格标签，知道表示什么吗?

生（合）：表示售价是 6 元 9 角 7 分……

师：今天，老师和同学们一起认识小数。（板书：认识小数）刚刚已经有同学给大家介绍了，数学书的价格是 6.97 元。这个小数表示数学书是多少钱啊?

生（合）：6 元 9 角 7 分。

【设计意图】在课前导入环节用猜一猜的小游戏激发学生的学习兴趣，引入新课。

二、自主学习，初识小数

师：生活中很多场景都离不开小数，比如这家文具店中文具的售价都是用小数表示的，你们知道怎么读吗？这些以元为单位的小数，表示的是多少钱呢？同学们拿出文具卡片，和同桌说一说商品的价格该怎么读、表示多少钱，等会儿请 4 个同学上来汇报。

生 1：笔记本每本 3.15 元，是 3 元 1 角 5 分。

师：小数的读法是，小数点左侧按照整数读法读，然后读出小数点，最后读出小数点右侧的数字。

生 2：每把尺子 1.06 元，表示 1 元 0 角 6 分。

师：你怎么确定 6 表示的一定是 6 分呢，为什么不能表示 6 角呢？

生 2：6 在角后面分的位置，所以表示 6 分。

师：1 在最前面，表示元。中间的 0 表示角，所以不能去掉。6 在 0 的后面，表示分。（板书：元、角、分）6 是小数点后面第二位数字，这个位置你们要特别留意。

生 3：每支钢笔 6.66 元，表示 6 元 6 角 6 分。

师：3 个 6 分别表示什么意思？

生：小数点前面的 6 是 6 元，小数点右边第一个 6 表示 6 角，右边第二个 6 表示 6 分。

师：相同的数字表示的意思怎么样？

生 3：不一样。

师：最后铅笔的价格请大家读一读。

生（合）：每支铅笔 0.50 元，表示 0 元 5 角 0 分。

师：刚刚我们猜了数学书的价格，同学们又介绍了 4 样文具的价格，那么大家对于小数有了哪些认识呢？我们一起来看一看。

（播放微课，总结小数定义、意义及读法。）

师：同学们对小数的读法和意义有了更多了解，现在和同桌说一说文具的价格应该怎么读、表示什么含义吧。

【设计意图】小数是生活中常见的数，教师用核心问题“怎么读、付多少钱”引导生生互动，激活学生的思维，将小数中各个数位上的数与元、角、分一一对应起来，突出了本节课的教学重点。

三、情境练习，深入探索

师：根据提示，用以元为单位的小数表示商品的价格。

生 1：橡皮的价格是 0.81 元。

师：0.81 元的 8 在哪个位置，你怎么看出来的?

生 1：8 在小数点右边第一位，表示 8 角。

师：很好。

生 2：剪刀的价格是 2.04 元。

师：有的同学写成了 2.40 元，对吗?

生 2：不对，4 应该在小数点右边第二位。

【设计意图】引导学生初步认识小数、正确读写小数、会用小数表示价格，进而体会小数的意义和作用。

师：本节课学习的小数都是用来表示价格的，那么小数是否有其他作用呢？请你举个例子。下面来看看古人的智慧吧。（播放微课：小数历史）

课后反思

小数是数与运算的重要组成部分，是“认识小数”这一单元的起始课，教师引领学生寻找数字与自身认知体验间的联系，从元、角、分入手，将整数转换成小数，从具体到抽象，结合生活经验体会小数的十进制关系，培养学生的数感，提高学生核心素养。

多元体验促进数感和量感——“1分有多长”教学案例

案例背景

“1 分有多长”是北师大版数学二年级下册第七单元的内容。本单元主要是时、分、秒的认识，初步体会时、分、秒的意义。学生在已经认识钟面几时几分、知道 1 小时 =60 分的基础上，进一步认识时间单位“秒”。在“1 分能做什么”实践活动中，抽象的时间概念变得形象化，学生体会到时间的价值，感受到 1 分钟有多长。

教学目标

1. 认识时间单位“秒”，理解 1 分 =60 秒。

2. 通过参与实践活动，感受 1 分钟有多长，会进行时间单位换算。

教学重难点

认识时间单位“秒”，理解 1 分 =60 秒。

课堂实录

一、游戏导入

师：同学们，喜欢玩游戏吗？

生（合）：喜欢。

师：会玩“1 分钟木头人”游戏吗？

生（合）：会。

师：好，我们就来玩“1 分钟木头人”游戏。全体起立——1，2，3，木头人，不许说话，不许动，不许露出小白牙。（课件出示 1 分钟计时器）时间到，感觉怎样？

生（合）：很累，感觉站的时间很长。

师：大多数的同学都坚持下来了，非常棒！老师奖励你们看 1 分钟的动画片。

（观看 1 分钟动画片。）

师：看完后，你们有什么想说的？

生（合）：时间太短了，还想看。

师：奇怪了，刚才同学们看动画的时间和做木头人的时间一样，都是 1 分钟。为什么你们看 1 分钟动画觉得时间太短，做 1 分钟木头人时间就很长

呢？1分钟到底有多长？今天我们就来研究一下。（板书：1分钟有多长）

【设计意图】通过对比体验1分钟游戏和1分钟视频时长，体会同样是1分钟，有时感觉很长，有时又很短，引发学生认知冲突，激发学生探索的欲望。

二、多元体验，建构新知

环节一：认识秒针。

师：先请出我们的老朋友——钟表，钟面上这两根针是什么？

生（合）：时针和分针。

师：是的。今天我们来认识一位新朋友，大家猜猜它是谁？

生（合）：秒针。

师：是的，秒针。（板书：秒针）相比时针和分针，秒针有什么特点？

生（合）：最长、最细。

师：你们观察得真仔细，秒针最长最细。（板书：最长、最细）我们是从粗细和长短来区别这三根针的，现在老师让它们动起来，仔细观察，谁走得最快？（课件动态演示时针、分钟和秒针的运动）

生（合）：秒针走得最快。

师：对，你们观察得真仔细，秒针走得最快。（板书：走得最快）

【设计意图】观察钟表表面上的指针，了解秒针的特点“最长最细”，以及秒针是三根针中走得最快的。

环节二：认识秒。

师：时针走1大格是1时，分针走1小格是1分，你们知道秒针是怎么计时的吗？

生1：秒针走1小格是1秒。

师：大家也是这样认为吗？我们先让时针和分针休息一会儿。仔细看，秒针走了几格？是几秒？（课件演示：钟面上的秒针行走1小格）

生（合）：秒针走1小格是1秒。

师：果然，秒针走1小格就是1秒。（板书：秒针走1小格是1秒）我们

一起读一遍吧！同学们对 1 秒有什么感觉？我们再看一遍。(课件再次演示：秒针行走 1 小格)

生(合)：很快。

师：是的，秒针嘀嗒一声就是 1 秒。1 秒能做些什么呢？

生 2：1 秒可以跺一下脚。

师：我们一起试一试。

(全体学生起立跺一下脚，同时课件演示：秒针行走 1 小格。)

生 3：1 秒还可以拍一次手。

……

师：原来短短的 1 秒钟可以做这些事情。我们继续看，秒针从 12 到 1 走了几格？是几秒？

生 4：走了 5 小格(1 大格)，是 5 秒。

师：秒针走 1 大格是 5 秒。(板书：秒针走 1 大格是 5 秒)拍一次手是 1 秒，你们能拍手 5 秒吗？

(一名学生展示拍 5 次手。)

师：我们跟着钟表的节奏再拍一拍。(学生拍手)秒针走 15 小格是多少秒？ 30 小格呢？ 45 小格呢？

生 5：秒针走 15 小格是 15 秒。(课件演示：秒针行走 15 小格)

生 6：秒针走 30 小格是 30 秒。(课件演示：秒针行走 30 小格)

生 7：秒针走 45 小格是 45 秒。(课件演示：秒针行走 45 小格)

师：那秒针走 1 圈是多少秒？（课件演示：秒针行走 1 圈）

生 8：秒针走 1 圈是 60 秒。(板书：秒针走 1 圈是 60 秒)

师：秒针走 1 圈是 60 秒，是因为 1 圈有几个小格？全班一起答。(生答：60 个)

【设计意图】通过观察课件的动态演示，学生直观了解秒针走 1 小格是 1 秒，走几小格就是几秒。同时让学生经历多种体验，感受 1 秒有多长？1 秒可以做什么动作？初步形成秒的量感，为后续感受 1 分有多长、估计 1 分有多长，奠定经验基础。

环节三：1分=60秒。

师：原来秒针走几小格就是几秒，我们也用多种方法感受了1秒有多长，那么1分钟有多长呢？下面请出分针。（板书：分针）仔细观察，秒针走1圈时，分针有什么变化？（课件演示：秒针走1圈，分针刚好走1小格）

生1：秒针走1圈，分针正好走1小格。

师：对，秒针走1圈，分针正好走1小格。分针走1小格是1分（板书：1分），秒针走1圈是60秒（板书：60秒）。这两者之间有什么关系呢？

生2：1分=60秒。

师：为什么？

生2：分钟走1小格，秒针正好走了1圈。

师：是的，通过观察验证，我们得到了1分=60秒的结论。那1分钟到底有多长呢？请同学们跟随秒针的脚步走一走、数一数，一起来感受1分钟。（课件演示：秒针走1圈，学生轻声数出60秒）

【设计意图】观察分针和秒针的变化过程，验证分与秒的关系，知道秒针走1圈时，分针正好走1小格，也就是1分=60秒。学会用秒去测量分。

环节四：1分能做什么？

师：我们已经知道1分=60秒，也感受了1分钟有多长，那1分钟能做些什么呢？昨天让大家课后找左手的脉搏，都找到了吗？

生（合）：找到了。

师：现在我们来玩1分钟数心跳活动，请一名同学帮忙读一下活动要求。

生1：活动要求——右手测左手，找准位置，感受脉搏的跳动；1分钟后记下跳动的次数，并记录在学习单上。

师：准备好了吗？3，2，1，开始。

（学生安静数数，课件演示秒针走1圈的时间，即1分钟。）

师：时间到，你们的脉搏1分钟大约跳动多少下？请将结果记录在学习单上。

生2：75下。

……

师：真不错，同学们都测出了脉搏跳动的次数。每个人的脉搏跳动次数因体质不同而有所区别。普通人的脉搏 1 分钟跳动 60~100 下，只要在这个范围内都是正常的。

师：请同学们拿出学习单，这里有好几项活动，分别是什么？

生（合）：口算、写名字、读古诗。

师：老师对这三项活动有一点点要求，口算要准确，写名字时字迹要工整，读古诗时要小声，不影响身边的同学。接下来，齐读活动规则。

生（合）：①从三个项目中，选择一项最喜欢的活动。②音乐从开始到结束，刚好 1 分钟。③音乐停止后，先将自己的结果记录在学习单上。

师：大家选好了吗？接下来看一看你 1 分钟能做多少事，准备，3，2，1，开始……1 分钟时间到，先将你的结果记录在学习单上。

师：做口算的同学有哪些？ 1 分钟做了多少道口算题？

生 3：我做了 17 道口算题。

师：非常厉害！一般情况下，小学生平均 1 分钟能做 16 道口算题。写名字的同学有哪些？数一数，1 分钟大约写了多少个字？

生 4：我 1 分钟写了 15 个字。

师：正常情况下，小学生 1 分钟能写 14~16 个字。最后，读古诗的同学数一数，自己 1 分钟大约读了多少个字？

生 5：我 1 分钟读了 200 个字。

生 6：我 1 分钟读了 105 个字。

师：普通人 1 分钟能读 150~200 个字。同学们 1 分钟做了这么多的事情，老师真为你们高兴。（课件出示，教师解说）确实不能小看 1 分钟，1 分钟能干很多事情。现在你们对 1 分钟有多长有更深刻的印象了吧！

【设计意图】时间是抽象的量，每个人对时间的量感是不一样的，经历固定项目与开放式体验活动，让学生充分体验到 1 分钟能做什么。学生可以将事件与时间联系起来，用“身边的尺子”度量和描述时间的长短。

环节五：估计1分钟有多长。

活动一：估一估。

师：如果没有钟表，你能用什么办法估计 1 分钟有多长呢？谁的声音响亮些，帮老师读一下游戏规则。

生 1：游戏规则是，趴在桌上，闭上眼睛，老师播放音乐，同学们觉得到 1 分钟了就抬头坐端正，看谁估得最准。

师：大家明白游戏规则了吗？准备，3，2，1，开始……时间到，你是用什么办法估计得这么准？

生 2：我是用眨眼的方法估计的。眨一次眼是 1 秒，所以我眨了 60 次眼，大约就是 1 分钟。

师：真不错，能够利用刚学的知识解决问题，活学活用。

生 3：我是用数一数的方法估计的。

师：能够给同学们示范一下吗？

生 3：不能数太快，也不能数太慢，要按照秒的节奏数。

师：原来数数的时候，不能数得太快，也不能数得太慢。

活动二：听一听。

师：我们每周一都会举行升旗仪式，同学们知道国歌的演奏时间是多少吗？

生 1：1 分钟。

生 2：2 分钟。

生 3：30 秒。

师：大家边听国歌边数一数吧。当国歌响起时，所有人必须举止庄重，保持安静。（播放国歌）你们有答案了吗？

生 1：44 秒。

生 2：47 秒。

生 3：50 秒。

师：想知道国歌的演奏时间到底是多少，需要请出我们的好朋友——钟表。（课件出示：秒针转动。同时播放国歌）国歌演奏时间约为 45 秒，再加多少秒就是 1 分钟？

生 4：15 秒。

师：为什么是15秒？

生4：45+15=60秒，1分钟=60秒。

【设计意图】 通过参与估一估、听一听两个活动，学生体验到1分钟有多长，抽象的时间概念变得具体、形象，进一步培养了时间量感。

课后反思

对于1厘米有多长、1平方厘米有多大，可以用测量的方法直观感知。时间看不见、摸不着，是比较抽象的概念，想让学生充分理解，就要结合生活实际创设情境，引导学生主动学习。学生亲身感知1分钟有多长，体会时间单位“秒”和“分”的实际意义，培养了时间量感。

第六章　小学数学数感教学错例研究

第一节　一年级上册错例分析及干预案例

错例一

单元名称：第一单元“生活中的数”——动物乐园。

【易错题型】

填一填。

5○4　　2○6　　9○8　　10○7

3 <□　　6 >□　　□=8　　□>□

1. 考查内容的分类：数字间的大小关系。

2. 从数感的角度分析错误成因：学生对数字间的大小关系认识不足，不能正确判断两个10以内数的大小。

3. 分析此问题数感培养提前干预的知识点与时间点。

知识点：“>”“<”“=”的学习以及掌握10以内数的大小比较。

时间点：“快乐的午餐”一课。

4. 分析此问题数感培养提前干预的方法及活动设计。

在教授“快乐的午餐”一课时，详细介绍“最多”与“最少”的概念。学生能够理解杯子、勺子、盘子三种餐具的数量关系，但是难以将餐具数量抽象成具体的数再进行比较，且此时尚未学习“>”“<”“=”，因此教师可做如下干预。

师：杯子最多。有几个杯子呢？

生1：有7个杯子。

师：勺子最少。有几把勺子呢？

生2：有5把勺子。

师：杯子的数量比勺子多，那么7比5是大还是小呢？

由于学生还没有真正学习数与数的比较知识，因此提问点到此为止即可，以便留给学生思考空间，也为后续教学做好铺垫。

错例二

单元名称：第三单元“加与减（一）”——一共有多少。

【易错题型】

数草莓，写数字。

（　　）　（　　）　（　　）　（　　）

我发现：每次多（　　）个。

1. 考查内容的分类：数与量的对应。

2. 从数感的角度分析错误成因：学生能够根据物体数量写出数字，但是没有理解“多几个”这个问题，说明对数的变化不敏锐，无法找出正确的规律。

3. 分析此问题数感培养提前干预的知识点与时间点。

知识点：5以内数的加法。

时间点：本节课。

4. 分析此问题数感培养提前干预的方法及活动设计。

在教学过程中，教师可做如下干预。

师：谁来说一说，每个盘子分别有多少个苹果？

生1：第一个盘子有1个苹果，第二个盘子有3个苹果，第三个盘子有5个苹果，第四个盘子有7个苹果。

师：真棒！那么1加几等于3呢？

生2：1加2等于3。

师：请问3加几等于5呢？ 5加几等于7呢？

生3：都是加2。

师：苹果的数量每次多几个呢？

这样处理后，学生再做习题应该就不会出现问题了。

错例三

单元名称：第三单元“加与减（一）”——背土豆（一）。

【易错题型】

数一数，算一算。

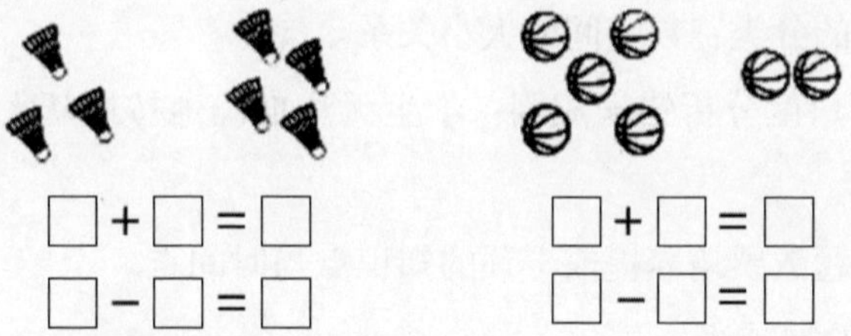

1. 考查内容的分类：数与量的对应。

2. 从数感的角度分析错误成因：学生能够理解题意，但是无法准确地将羽毛球数量抽象成具体的数，因此写出错误的算式，得出错误的结果。本节课已经是“加与减（一）”的第五节课，大部分学生能够第一时间将数量较少的物体抽象成具体的数，但是出现错误的同学明显是在数感培养方面存在问题。

3. 分析此问题数感培养提前干预的知识点与时间点。

知识点：7的加减法，生活中的数。

时间点：第一单元“生活中的数”中“文具”一课的教学内容包括6~10的认识与书写，因此教师可以在“文具”这节课进行干预。

4. 分析此问题数感培养提前干预的方法及活动设计。

教师可以展示不同数量的物体，让学生以“开火车”的形式，快速准确地说出结果，帮助学生进一步理解数与量的对应关系，进而培养数感。

错例四

单元名称：第三单元“加与减（一）”——背土豆（二）。

【易错题型】

分一分，填一填。

见表 6–1，有 7 个、2 个小朋友，可以怎么分？

表 6–1　苹果分配

7	7							
	0							

1. 考查内容的分类：数字间的大小关系。

2. 从数感的角度分析错误成因：学生无法准确地按照从大到小的顺序给 10 以内的数排序。

3. 分析此问题数感培养提前干预的知识点与时间点。

知识点：7 的加减法。

时间点：第一单元“生活中的数”中“文具”一课。

4. 分析此问题数感培养提前干预的方法及活动设计。

教师可做如下干预。

师：同学们，谁记得《新闻联播》中发射火箭时是怎么数数的呢？

生 1：老师我知道，是这样数的，10，9，8，…，1，发射！

师：你说得真好。那么这和我们平时数数是一样的吗？

生 2：不一样，平时我们都是从 0 数到 10。

师：发射火箭时，是从大到小倒着数数，以后我们还会学到，大家记住了吗？

生（合）：记住啦。

师：我们一起来数一遍好不好，10，9……一起来。

错例五

单元名称：第三单元“加与减（一）”——可爱的企鹅。

【易错题型】

篮子里原来有 8 个，现在剩下 2 个，吃了几个？

1. 考查内容的分类：数的理解和运用。

2. 从数感的角度分析错误成因：低年级学生感知事物的特点是比较笼统、粗糙、不具体，往往只注意到一些孤立的现象，看不出事物的联系及特征，因而头脑中留下的印象缺乏整体性。

3. 分析此问题数感培养提前干预的知识点与时间点。

知识点：生活中的数。

时间点：本节课。

4. 分析此问题数感培养提前干预的方法及活动设计。

教师可以将现实问题与数学知识联系起来，引导学生发现、解决生活中的问题，得出正确结果，从而培养数感。

错例六

单元名称：“整理与复习（一）”、第七单元“加与减（二）”——练习三。

【易错题型】

在◯里填上“＞”、“＜”或“＝”。

7−2 ◯ 7+2	18−5 ◯ 5+9	14−2 ◯ 7	8+3 ◯ 17−5
5+9 ◯ 6+7	8 ◯ 6+9	4+4 ◯ 6+3	4+6 ◯ 8−0
3 ◯ 4−2	4+2 ◯ 1+5	4+5 ◯ 5+4	7+5 ◯ 13

1. 考查内容的分类：数字间的大小关系。

2. 从数感的角度分析错误成因：在小学阶段，一个数减去非零的数的结果，必定小于这个数加上非零的数，答错者必然没有完全理解数字间的大小关系，也就是数感没有得到较好的发展。具体到本题来说，数感较好的同学可能在看见 7–2 和 7+2 时，根本不需要算出两个算式的结果，直接就可以做出判断。

本题包含的知识点有20以内的不退位减法与进位加法，题型包含比较两个算式的大小，学生答错的原因或许是没有掌握20以内的不退位减法与进位加法，也可能是算出了两个算式的结果，但是无法比较两个结果的大小。

3. 分析此问题数感培养提前干预的知识点与时间点。

知识点：本节课的教学内容是整理、复习前3个单元，本题考查了20以内数的加减法、20以内数的大小比较等知识点。教材练习二中第一次出现了为得数相同的两个算式连线的题目，即判断相等关系，但是不涉及算式之间的大小比较。

时间点：学完“做个加法表”与“做个减法表”之后。

4. 分析此问题数感培养提前干预的方法及活动设计。

教师可做如下干预。

师：同学们，现在我们已经会做加法表与减法表，也找出了不少的规律，如果将两个表合起来看，会有什么发现呢？

生1：9+1=10，9−1=8，9+1 ＞ 9−1。

师：大家同意吗？

生2：同意，不过我发现一个数加上另一个数，总是比这个数减去另一个数要大。

师：你们同意他的发现吗？

生3：我不同意，比如10+0和10−0就一样大。

师：哇！你可真聪明！老师现在告诉大家，如果被加数是不是0，那么一个数加上另一个数，总是比这个数减去另一个数要大。现在谁能一下子判断出7−2和7+2谁大？

生4：7+2大。

师：同学们，第四题练一练大家都做完了吗？

生（合）：做完了。

师：谁上台说一说自己是怎么连的？为什么这么连呢？

（学生上台分享。）

生 5：我是先算出算式结果，再把得数相同的用直尺连起来。

师：真棒！老师再给大家出几道题，看看能不能难住大家。（课件出示：展示两个算式不等关系的比较题）谁来说一说可以怎么思考？

生 6：还是先把算式的结果算出来，比较得数，再填上大于号或小于号。

师：真棒！

错例七

单元名称：期中自测、第七单元“加与减（二）”——古人计数。

【易错题型】

（1）如下图所示，箱子里有几个？

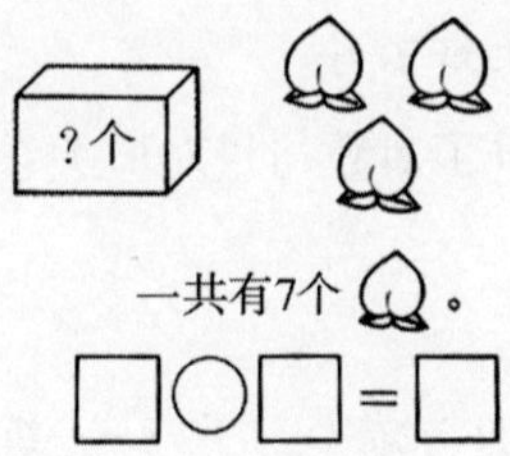

（2）数一数。

1. 考查内容的分类：数与量的对应。

2. 从数感的角度分析错误成因：这是两道简单的看图写数题，如果学生未能正确对应数与量，就会出现数重复或数错的情况。在一年级第一学期，学生主要是用点数法学习数学概念，即点一个物体数一个数，在这种最基础的数数方式上出现问题，说明学生不能正确对应数与量，缺乏数感。

3. 分析此问题数感培养提前干预的知识点与时间点。

知识点：认识 1 ~ 20 各数。

时间点：本节课。

4. 分析此问题数感培养提前干预的方法及活动设计。

教师要引导学生理解题中的问号表示未知，需要计算才能得到结果，即已知整体和一部分，求另一部分，应该用减法计算。

教师可做如下干预。

师：同学们，我们用小棒来表示羊，谁能上台来摆一摆？

（学生上台演示。）

师：你摆了这么多小棒，老师不知道对不对，你能带着大家数一数吗？

生1：一根小棒表示一只羊，1，2，3……

师：数的时候应该怎么做？

生（合）：应该点着数，点一根小棒，数一个数。

师：那我们一起再数一次好不好。

通过多次点数，学生提升了对数与量对应关系的认知。

错例八

单元名称：第七单元“加与减（二）”——练习三、“数学好玩”——淘气的校园。

【易错题型】

（1）填一填，算一算。

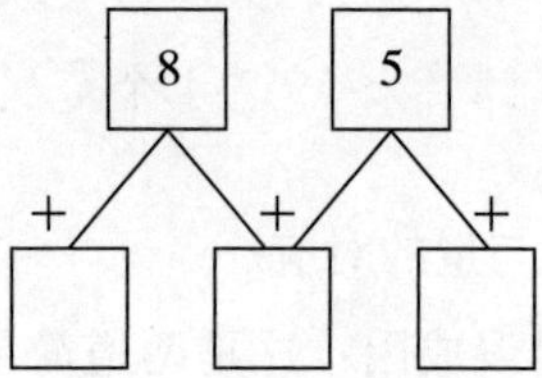

（2）如图6-1所示，阳光体育活动课上，有（　　）人在跑步，有（　　）人在打排球，有（　　）人在跳绳，有（　　）人在拔河，有（　　）人在拍球，有（　　）人在打乒乓球。跳绳的同学比打排球的同学多几人？

图 6-1　阳光体育活动课

1. 考查内容的分类：准确地将现实生活与数量关系建立联系的能力。

2. 从数感的角度分析错误成因：没有养成良好的学习习惯，或因书写不工整、审题不认真、答题不细心、检查不足，导致解答出错。

3. 分析此问题数感培养提前干预的知识点与时间点。

知识点：20 以内数的认识。

时间点：本节课课前。

4. 分析此问题数感培养提前干预的方法及活动设计。

教师可以采用游戏教学法进行“20 以内数的认识”教学，如发给第一组同学 20 根小棒，发给第二组同学 20 本数学本，发给第三组同学 20 颗大豆，发给第四组同学 20 支铅笔，发给第五组同学 20 个弹珠。

游戏一：学生一个一个地数数，体会“20”到底是多少。

游戏二：学生两个两个地数数，体会“20”到底是多少。

游戏三：学生五个五个地数数，体会“20”到底是多少。

最后得出结论：两个两个地数，数十次就是 20；五个五个地数，数四次就是 20。

错例九

单元名称：总复习 1。

【易错题型】

填一填。

19，(　　)，15，(　　)，(　　)

1. 考查内容的分类：数与数量。

2. 从数感的角度分析错误成因：学生没有认真审题，没有养成良好的数感，导致算错。

3. 分析此问题数感培养提前干预的知识点与时间点。

知识点：20 以内数的认识。

时间点：本节课。

4. 分析此问题数感培养提前干预的方法及活动设计。

教师可以引导学生正着数数、倒着数数、两个两个地数数、三个三个地数数等，仔细观察题目中的数是怎么变化的，有什么规律。

第二节　一年级下册错例分析及干预案例

错例一

单元名称：第一单元“加与减（一）”——练习一。

【易错题型】

先算一算，再将得数按从小到大的顺序排列。

11－4＝　　10＋2＝　　11－9＝

5＋6＝　　11－3＝　　11－9＝

（　　）＞（　　）＞（　　）＞（　　）＞（　　）＞（　　）

1. 考查内容的分类：数量关系。

2. 从数感的角度分析错误成因：学生能够正确计算 20 以内数的加减法，说明具备基本的运算能力，但是无法区分数字间的大小关系，这说明对数的大小感知存在问题，从而得到了错误的结果。

3. 分析此问题数感培养提前干预的知识点与时间点。

知识点：本单元的重点是 20 以内数的加减法，而不是 20 以内数的大小比较，20 以内数的大小比较属于上学期的知识点。

时间点：此问题可以在上学期学习 0~10 的数的认识、第七单元“加与减（二）”时进行适当干预。

4. 分析此问题数感培养提前干预的方法及活动设计。

在学习“古人计数”时，教师在带领学生认识 11 ~ 20 各数字后，可以做如下干预。

师：这些数字谁最大、谁最小？

生（合）：20 最大，11 最小。

师：为什么呢？谁能用学具给大家说一说？

生 1：20 要用 20 根小棒才能表示，比其他数字用到的小棒都要多，所以 20 最大。

生 2：计数器上十位放 2 颗珠子表示 20，而表示 11 时，十位上只有 1 颗珠子，个位也只有 1 颗珠子，所以 20 最大，11 最小。

师：你们也能这样比一比其余的数字吗？和同桌说一说，看谁说得对。

错例二

单元名称：第三单元“生活中的数”——数花生。

【易错题型】

我会倒着数。

（1）六十二、（　　　　）、（　　　　）、（　　　　）、五十八

（2）二十五、二十、（　　　　）、（　　　　）、五

（3）四十四、（　　　　）、四十、（　　　　）、三十六

1. 考查内容的分类：数量关系。

2. 从数感的角度分析错误成因：学生无法正确地倒着数数，也不理解一个一个数、两个两个数和五个五个数的含义，这说明学生对数的变化不敏锐，无法找出正确的规律，本质上是数感没有得到应有的发展。

3. 分析此问题数感培养提前干预的知识点与时间点。

知识点：两个两个数、五个五个数，理解数量与物体的对应关系。

时间点：本节课。

4. 分析此问题数感培养提前干预的方法及活动设计。

教师可做如下干预。

师：上学期我们就学过数数，说一说可以怎么数？

生（合）：可以正着数，也可以倒着数。

师：真棒！正着数时，数会越来越大还是越来越小？

生（合）：越来越大。

师：倒着数时数会怎么变？

生（合）：越来越小。

师：不错。我们以前学过一个一个、十个十个地数数，今天学习两个两个、五个五个地数，谁知道怎么数吗？

生 1：正着数的话，后一个数比前一个数大 2；倒着数的话，后一个数比前一个数小 2。

师：真棒，如果是五个五个数呢？

生 2：正着数的话，后一个数比前一个数大 5；倒着数的话，后一个数比前一个数小 5。

错例三

单元名称：第三单元“生活中的数”——数花生、数一数。

【易错题型】

圈一圈，数一数，一共有（　　）支钢笔。

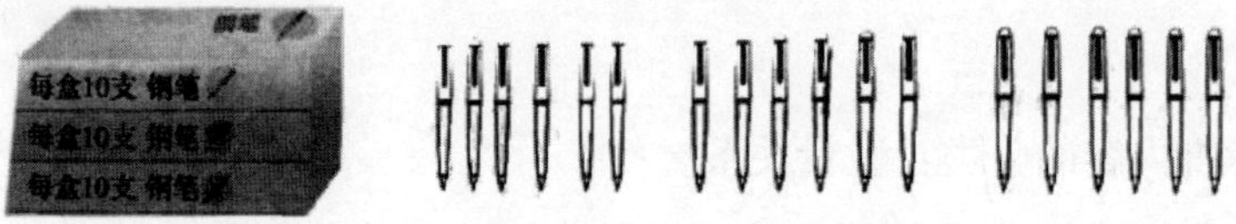

1. 考查内容的分类：数与量的对应。

2. 从数感的角度分析错误成因：学生没有将左边三盒钢笔的支数计入总数量，不能准确对应数与量。

3. 分析此问题数感培养提前干预的知识点与时间点。

知识点：掌握 100 以内数的数法，学会十个十个地数。

时间点：本节课。

4. 分析此问题数感培养提前干预的方法及活动设计。

教师可做如下干预。

师：大家拿出花生（100 颗），先自己数一数。

生 1：2，4，6……100。

师：你数得真准确。如果是从 50 开始，两个两个地数，不用花生，你能数出来吗？

生 1：可以，50，52，54，56……100。

师：谁能两个两个地数数，从 100 数到 2？

生 2：100，98，96……2。

师：同学们，请拿出小棒，数一数有多少根。

生 3：我是十根十根地数，总共有 100 根。

师：数得真准确。不用小棒，你还能十个十个地数吗？

错例四

单元名称：第三单元“生活中的数”——做个百数表（2）。

【易错题型】

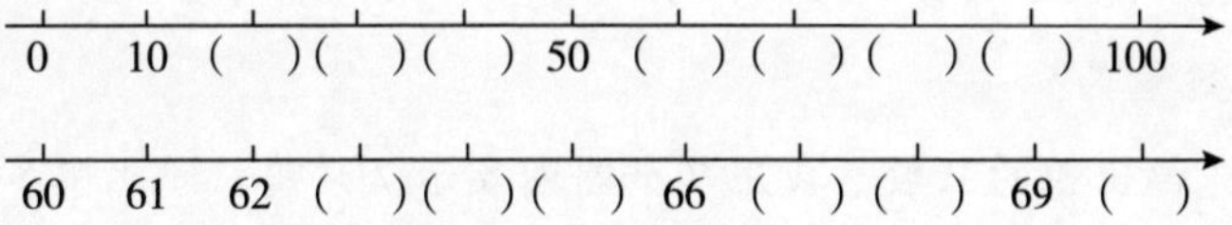

1. 考查内容的分类：数字间的大小关系。

2. 从数感的角度分析错误成因：学生错误地理解了数字间的大小关系。

3. 分析此问题数感培养提前干预的知识点与时间点。

知识点：掌握 100 以内数的数法，学会十个十个地数。

时间点：本节课。

4. 分析此问题数感培养提前干预的方法及活动设计。

教师可做如下干预。

师：同学们，请你们拿出小棒，数一数有多少根。

生：我是十根十根地数，总共有100根。

师：数得真准确。如果不用小棒，你还能十个十个地数吗？

从具体地数数过渡到抽象地数数，培养学生的数感。

错例五

单元名称：期中自测。

【易错题型】

河边有12只鸭，鹅比鸭多5只，鹅有多少只？

1. 考查内容的分类：选择适当的算法。

2. 从数感的角度分析错误成因：学生没有准确理解数量关系，无法正确比较两个数的大小。

3. 分析此问题数感培养提前干预的知识点与时间点。

知识点：20以内数的加减法、20以内数的大小比较。

时间点：第三单元“生活中的数”中“谁的红果多”一课之后。

4. 分析此问题数感培养提前干预的方法及活动设计。

教师可做如下干预。

师：同学们，河边有7只鸭，鹅比鸭多5只，鹅有多少只？你会画一画来表示鹅的数量吗？

生1：先画出鸭的只数，我用7个圆圈表示7只鸭，鹅比鸭多5只，那就在7个圆圈后面再画多5个，7+5=12。

师：你很会分析问题。是的，我们要先找到关键的信息——鹅是和谁作比较，然后画图分析信息，这样就很容易得出正确的答案。

错例六

单元名称：第四单元有趣的图形——动手做（三）。

【易错题型】

数一数机器人身上的○、△、▭、□有几个。

○有（　）个

△有（　　）个

▭有（　　）个

□有（　　）个

1. 考查内容的分类：数与数量。

2. 从数感的角度分析错误成因：这道题考查对平面图形的认识，对一年级学生来说应该不难，但是学生数错了，说明其无法根据问题将图形转化为数量关系。

3. 分析此问题数感培养提前干预的知识点与时间点。

知识点：掌握 0 ~ 10 各数的读法、写法。

时间点：一年级上册第一单元“生活中的数”中“文具”一课。

4. 分析此问题数感培养提前干预的方法及活动设计。

教师可做如下干预。

师：我们已经学会了 0~10 各数字的读法、写法，老师想出题目考考大家，你们敢接受老师的挑战吗？

生（合）：我们接受挑战。

师：你们真棒！

（课件出示不同数量的物体，学生以“开火车”的形式回答问题，加深对数与量的认识，培养数感。）

师：老师给大家出几道题，看看能不能难住同学们。

（课件出示两个算式不等关系的比较题。）

师：谁来说一说可以怎么思考？

生 1：先把算式的结果算出来，再比较得数，最后填上大于号或小于号。

师：真棒！

错例七

单元名称：第五单元“加与减（二）”——青蛙吃虫子（1）。

【易错题型】

我会做（见图 6-2）。

图 6–2　蜗牛队与小老虎队

（1）两队一共有多少只？

（2）蜗牛队比小老虎队多多少只？

1. 考查内容的分类：计算并比较数的大小。

2. 从数感的角度分析错误成因：学生出现错误的原因实际上是数感方面存在问题，无法正确计算，所以得到了错误的计算结果。

3. 分析此问题数感培养提前干预的知识点与时间点。

知识点：两位数加减整十数。

时间点：本节课。

4. 分析此问题数感培养提前干预的方法及活动设计。

教师可做如下干预。

师：同学们，请看大屏幕，能说说你们发现了哪些数学信息吗？

生 1：大青蛙吃了 55 只虫子，小青蛙吃了 30 只虫子。

师：你观察得真仔细，你能根据这些信息提出一个数学问题吗？

生 1：一共吃了多少只虫子？

师：这个问题很好，怎么解决呢？

生 1：我用摆小棒的方法。

生 2：我可以拨计数器。

生 3：我先算 50＋30＝80，再算 80＋5＝85。

通过采用多种算法计算，学生加深了对算理的理解，提高了计算能力。

错例八

单元名称：第五单元“加与减（二）”——练习四。

【易错题型】

算一算，并将得数按照从大到小的顺序排列起来。

38+16=　　17+29=　　45+38=　　67+25=

(　　)＞(　　)＞(　　)＞(　　)

1. 考查内容的分类：数的大小比较。

2. 从数感的角度分析错误成因：这道题考查的是两位数加两位数的进位加法计算和数的大小比较，答错的学生往往数感不好，计算能力有待提高。

3. 分析此问题数感培养提前干预的知识点与时间点。

知识点：两位数加两位数的进位加法。

时间点：第六单元"加与减（三）"中"摘苹果"一课。

4. 分析此问题数感培养提前干预的方法及活动设计。

教师可做如下干预。

师：淘气摘了 17 个苹果，笑笑摘了 38 个苹果，他们一共摘了多少个苹果？你会解决这个问题吗？

生 1：计算 38+17 时，我是这样算的，30+10=40，8+7=15，40+15=55。

生 2：我先用 38+2=40，再算 40+15=55。

生 3：我是用竖式来计算的。

师：同学们想出了这么多方法，太棒了！我们在计算 38+17 时，8+7=15，满十进一，要记得向十位进一，还要注意相同数位对齐，从个位算起。

错例九

单元名称：第六单元"加与减（三）"——摘苹果。

【易错题型】

用竖式计算。

59+35　　24+47　　77+16

1. 考查内容的分类：运算结果估计。

2. 从数感的角度分析错误成因：学生能够理解题目的意思是要进行加法运算，也会满十进一，最终却得到了错误的结果，虽然是十位的计算出现错误，但是也暴露了他们在运算结果估计方面存在问题。

3. 分析此问题数感培养提前干预的知识点与时间点。

知识点：本节课是学习两位数加两位数（进位）的第二节课。

时间点：由于学生刚刚接触估算的概念，所以可以在本节课深入渗透估计运算结果的方法。

4. 分析此问题数感培养提前干预的方法及活动设计。

教师可做如下干预。

师：现在我们学会了两位数加两位数（进位），但是有不少同学算错了，老师想教给大家一个方法来判断十位的数算得对不对。我们可以把两个加数的十位数字相加，然后加上1，就可以得到和的十位上的数字。

（课件出示几道习题，让学生快速用刚学会的方法进行判断，达到培养数感的目的。）

错例十

单元名称：期末自测。

【易错题型】

看图算一算（如图6–3所示）。

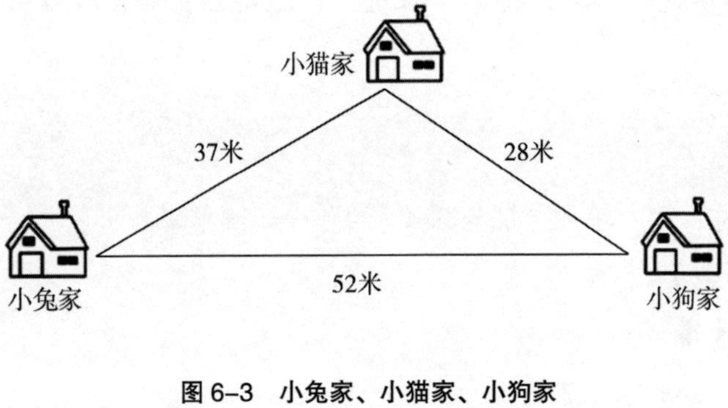

图6–3 小兔家、小猫家、小狗家

（1）小兔经过小猫家再到小狗家，一共要走多少米？

（2）小兔走的这条路比直接到小狗家远多少米？

1. 考查内容的分类：计算数的大小。

2. 从数感的角度分析错误成因：这道题包含的知识点有两位数的加减法计算，如果学生第一步计算出错，第二步计算也会跟着出错，说明学生在数感方面存在问题。

3. 分析此问题数感培养提前干预的知识点与时间点。

知识点：两位数的加减法。

时间点：复习“数与代数”一课时。

4. 分析此问题数感培养提前干预的方法及活动设计。

教师可做如下干预。

师：小兔经过小猫家再到小狗家一共要走多少米？

生 1：37+28=65。

师：小兔走的这条路比直接到小狗家远多少米？

生 2：65−52=13。

师：同学们计算时要细心，记得第一步计算对了，第二步才能做对。

第三节　二年级上册错例分析及干预案例

错例一

单元名称：第一单元“加与减”——练习一。

【易错题型】

电子琴有 61 个键，钢琴有黑键 36 个、白键 52 个，钢琴比电子琴多多少个键？

1. 考查内容的分类：现实情境。

2. 从数感的角度分析错误成因。

（1）学生没有读懂题目。钢琴是由白键和黑键组成的，题目问的是钢琴比电子琴多多少个键，要先算出钢琴键的个数，再用钢琴键个数减电子琴键个数。

（2）学生没有理解题目中各个数字的含义，不知道怎么处理数据。先明确题目中3个数字的含义，再进行运算，才能得出准确结果。

（3）学生不理解算式中每一步计算的意义，对加减的理解不够深刻，加表示“和”，减表示“差”。

3. 分析此问题数感培养提前干预的知识点与时间点。

知识点：100以内的加减法。

时间点：一年级上册中学习加法与减法的互逆关系时。

4. 分析此问题数感培养提前干预的方法及活动设计。

教师可做如下建立直观模型的活动设计。

（1）材料准备。蓝色小棒（表示合唱团男生），红色小棒（表示合唱团女生），绿色小棒（表示美术组学生）。

（2）建立模型。合唱团有4个男生、3个女生，美术组有5个同学，问：合唱团比美术组多多少人？

（3）摆一摆，说一说。蓝色小棒和红色小棒合在一起表示什么？怎么算出合唱团比美术组多多少人呢？

错例二

单元名称：第二单元“购物”——买文具。

【易错题型】

5元能换（　　）张1元，或者换（　　）张5角

1元能换（　　）张5角，或者换（　　）张2角

2元能换（　　）张2角，或者换（　　）张1角

1. 考查内容的分类：数字的知识。

2. 从数感的角度分析错误成因：不理解“或者”的含义，“或者”表示有两种答案，可以把一道题变成两道题。

3. 分析此问题数感培养提前干预的知识点与时间点。

知识点：十进制。

时间点：一年级上册。

4. 分析此问题数感培养提前干预的方法及活动设计。

教师可做如下建立直观模型的活动设计。

（1）材料准备。一个大圆片（表示 1 个 10），若干小圆片（1 个小圆片表示 1 个 1）。

（2）建立模型。把 5 个小圆片串起来（5 角的模型，标记为 A），把两个小圆片串起来（2 角的模型，标记为 B），问：一个大圆片可以换几串 A？一个大圆片可以换几串 B？

（3）摆一摆，说一说。一个大圆片可以换几个小圆片？为什么要换？怎样可以换 2 串 A 呢？（通过摆一摆得出）怎样可以换 5 串 B 呢？（通过摆一摆得出）

错例三

单元名称：第二单元“购物”——小小商店。

【易错题型】

笑笑带了 2 张 5 元的纸币、4 张 2 元的纸币和 6 枚 1 元的硬币。现在她要买一本 10 元钱的书，可以怎样付钱？请列出 3 种方法。

第一种：（　　）张 5 元、（　　）张 2 元、（　　）枚 1 元硬币。

第二种：（　　）张 5 元、（　　）张 2 元、（　　）枚 1 元硬币。

第三种：（　　）张 5 元、（　　）张 2 元、（　　）枚 1 元硬币。

1. 考查内容的分类：数字的分解与组成。

2. 从数感的角度分析错误成因：问题转换是一种计算策略，该问题表面是考查学生对人民币的认识，但在单位相同的情况下可以转换为数字计算，即转换为 10 由 2 个 5 组成，其中 1 个 5 可以拆分为 2 个 2 和 1 个 1，机械地“凑”钱容易导致计算混乱而出错。

3. 分析此问题数感培养提前干预的知识点与时间点。

知识点：数字的分解与组成（实例拓展）。

时间点：一年级上册第三单元“加与减（一）”中“猜数游戏”一课。

4. 分析此问题数感培养提前干预的方法及活动设计。

教师可做如表 6–2 所示的活动设计。

表 6–2 活动设计

6	0	1	2	3		5	
	6	5			2		

师：大家可以根据活动设计表，编一个小故事吗？

（若学生不能编，教师就示范编故事。）

师：老师买了 6 个包子，但吃的时候发现塑料袋里只有 5 个包子，老板娘还少给我夹了 1 个包子呢。

教师通过创设贴近生活实际的情境，激发学生的学习兴趣，引导学生进行自主探究、小组合作，体会到“单位”的意义与价值，提高学生的运算能力。

错例四

单元名称：第二单元“购物”——买文具。

【易错题型】

比一比，在〇里填上“>”、“<”或“=”。

8 角〇 8 角 8 分　　50 角〇 5 元　　5 元 4 角〇 45 角

68 角〇 8 元　　9 元〇 89 角　　100 元〇 99 元 9 角

1. 考查内容的分类：数的大小比较。

2. 从数感的角度分析错误成因。

（1）不理解统一单位的必要性，不理解不同单位所表示的含义不同。

（2）不熟悉元、角、分单位之间的换算，不知道为什么要将大单位换算成小单位。

（3）两位数与两位数的大小比较方法不清晰，不明白为什么要先比较十位。

3. 分析此问题数感培养提前干预的知识点与时间点。

知识点：两位数大小比较、元角分单位换算。

时间点：一年级下学期、二年级上学期新授课。

4. 分析此问题数感培养提前干预的方法及活动设计。

教师可做如下直观实物的活动设计。

（1）在两个计数器上分别拨出 23 和 32。说一说，个位上的 1 个珠子表示什么、十位上的 1 个珠子表示什么、个位上的珠子和十位上的珠子谁表示的数大，为什么？

（2）新授课上可以加一个小游戏，一个同学有 1 张 8 元、9 张 1 角，另一个同学有 9 张 1 元，谁的钱多？你是怎么比较的？鼓励学生用多种方法比较。

错例五

单元名称：第三单元“数一数与乘法”——动物聚会。

【易错题型】

请你说出两个能用 4×3 解决的问题。

1. 考查内容的分类：情境（理解问题情境和所需计算之间的关系）。

2. 从数感的角度分析错误成因：学生认识乘法符号，理解数字重复相加时可运用乘号简化运算、乘法是加法的简便形式，但学生熟悉的是加法模型，看到乘号时会联想到重复相加，故对于根据式子编情境的反向提问，学生的第一反应是将两个数字直接相加。同时，学生的文字表达不规范也是错误的原因之一。

3. 分析此问题数感培养提前干预的知识点与时间点。

知识点：乘法模型。

时间点：第三单元第二课“儿童乐园”。

4. 分析此问题数感培养提前干预的方法及活动设计。

（1）教师在教学时不能脱离情境，任何运算都应有相应的情境支撑。

（2）低年级学生的心理发展水平较低、语言表达能力稍差，可以让学生先画再说，然后用学生评价、教师评价引导学生理解乘法模型。

（3）可布置多样化的作业激发学生将运算应用到情境中的兴趣，如乘法运算的主题手抄报、乘法故事大赛等。

错例六

单元名称：第三单元“数一数与乘法”——单元练习。

【易错题型】

苹果是从哪棵树上掉下来的呢？你来连一连。

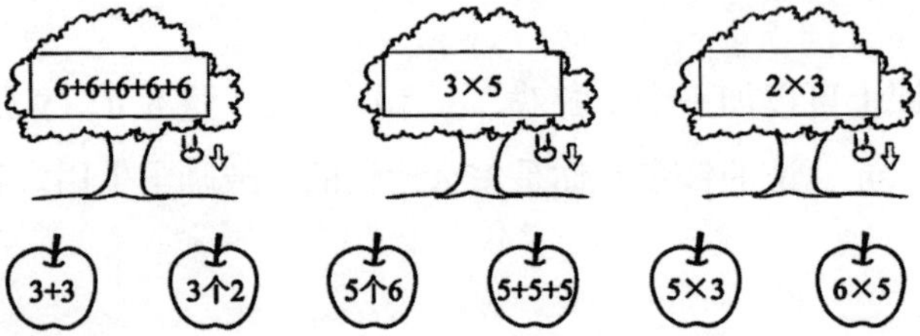

1. 考查内容的分类：运算知识。

2. 从数感的角度分析错误成因。

（1）有的学生比较粗心，没有看到所有的选项。

（2）漏连某些算式，因为加数过少，学生只想到了加法，没有想到乘法。

（3）学生从数量少的项目区连线到数量多的项目区，容易漏连，做题策略错误。

3. 分析此问题数感培养提前干预的知识点与时间点。

知识点：乘法的意义。

时间点：本节课。

4. 分析此问题数感培养提前干预的方法及活动设计。

教师可如下在情境中练习的活动设计。

（1）出示不同类型的情境图。如 5 堆苹果，每堆有 3 个；3 堆苹果，每堆有 5 个；2 堆苹果，每堆有 5 个。

（2）分别说说三幅情境图中对应的加法算式与乘法算式，为什么可以用这样的算式表示？总结：加数都相同，表示几个几，就可以用乘法进行运算。

错例七

单元名称：第三单元“数一数与乘法”——练习。

【易错题型】

想一想，填一填。

6+6+6+6+6= □ × □ = □

2×6+6= □ × □

5+ □ + □ =5×3= □ + □ + □ + □

4×2= □ + □ = □

5+4×5= □ × □

1. 考查内容的分类：运算（理解运算关系）。

2. 从数感的角度分析错误成因：此前学生仅学习了乘法的意义、乘法与加法的联系，还未学习乘法分配律，此题的运算顺序和目前学生的运算认知水平（从左往右计算）一致，对运算关系较敏感的学生能够将乘法算式转换为几个几相加，但大部分学生只是按部就班地从左往右计算，或不知道如何处理，计算的复杂性会导致按部就班地计算出错率变高。

3. 分析此问题数感培养提前干预的知识点与时间点。

知识点：乘法的意义、乘法与加法的联系。

时间点：第三单元“数一数与乘法”第四课“动物聚会”。

4. 分析此问题数感培养提前干预的方法及活动设计。

教师可做如下干预。

师：（课件出示点子图及第一个红圈）老师圈了多少个点子？大家能用式子表示吗？

生1：2×8 或 8×2。

师：（课件出示第二个红圈）老师再圈 8 个点子，现在老师一共圈了多少个点子？你有几种表示方法呢？

生2：3×8。

生3：2×8+8。

师：你可以再用文字解释一遍 $2\times8+8=3\times8$ 吗？

生 3：2 个 8 加 1 个 8 等于 3 个 8。

错例八

单元名称：第五单元“2~5 的乘法口诀”——课间活动。

【易错题型】

看一看，说一说，填一填。

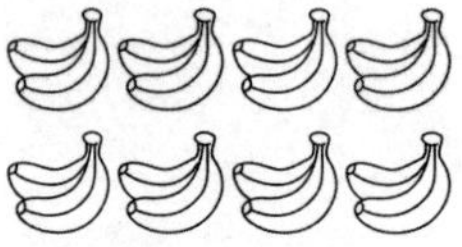

（1）香蕉有多少根？

□○□＝□（　　）

（2）草莓有多少颗？

□○□＝□（　　）

1. 考查内容的分类：运算知识。

2. 从数感的角度分析错误成因。

（1）学生没有看懂图，没有从图中得出“每串有两根香蕉”的条件。

（2）没有记住乘法口诀。

（3）学生不能将图形与乘法算式联系起来，导致数与形不对应。

3. 分析此问题数感培养提前干预的知识点与时间点。

知识点：乘法的意义。

时间点：本节课。

4. 分析此问题数感培养提前干预的方法及活动设计。

教师可做如下熟悉乘法口诀的活动设计。

（1）出示 2 的乘法口诀，请学生根据 2×8 画出两种不同的图示。

（2）画图后标注是 8 个 2 还是 2 个 8，并进行加法运算，写出对应的乘法算式。

（3）看图说出加法算式的意义、乘法算式中每个数字的意义、乘号的意义。

错例九

单元名称：第五单元“2~5 的乘法口诀”——小熊请客。

【易错题型】

想一想，填一填。

△ + □ =9　　　　△ × □ =20

△ = (　　)　　　□ = (　　)

1. 考查内容的分类：数与数量。

2. 从数感的角度分析错误成因：学生没有理解题意，脱离了具体数字，不知道如何运算；学生对数字运算不熟练。

3. 分析此问题数感培养提前干预的知识点与时间点。

知识点：4 的乘法口诀。

时间点：二年级上学期新授课“4 的乘法口诀”。

4. 分析此问题数感培养提前干预的方法及活动设计。

教师可做如下“猜猜我是谁”游戏的活动设计。

（1）在百数表中找 1 ~ 9 中各数与 4 相乘的结果，并尝试说一说这些数的特点。

（2）根据积，说出乘数，并说说用的是哪句乘法口诀。

（3）通过“同桌考”“班级小火车”等形式开展活动，多说、多考。

错例十

单元名称：第五单元“2 ~ 5 的乘法口诀”——需要几个轮子。

【易错题型】

我们组有 3 人，每人做了 6 朵花，一共做了多少朵花？

一本书共有 20 页，小明每天看 3 页书，6 天能不能把这本书看完？

1. 考查内容的分类：乘法计算、数的比较。

2. 从数感的角度分析错误成因：学生无法判断计算结果的合理性，也没有根据题干中的条件和数量关系进行逻辑推理和数学运算；没有正确判断出需要比较的是哪两个数。

3. 分析此问题数感培养提前干预的知识点与时间点。

知识点：乘法计算、数的比较。

时间点：二年级上册第三单元“数一数与乘法”、一年级上册第一单元“跳伞表演”。

4. 分析此问题数感培养提前干预的方法及活动设计。

在问题情境中，学生需要分析题目信息，选择正确的比较对象，才能进行计算。教师可以通过画流程图的方式帮助学生梳理量之间的关系，引导学生养成检查的习惯，判断答案是否合理。

错例十一

单元名称：第五单元“2~5 的乘法口诀”——练习三。

【易错题型】

想一想，填一填。

27，24，21，（　），（　）

10，（　），6，4，（　）

1. 考查内容的分类：数字规律。

2. 从数感的角度分析错误成因：尽管学生做过很多找数字规律的习题，但依然对数字规律不够敏感，对数字敏感的学生会将此题与乘法口诀表的得数联系在一起。

3. 分析此问题数感培养提前干预的知识点与时间点。

知识点：2~5 的乘法口诀。

时间点：第五单元“2~5 的乘法口诀”第一课至第五课。

4. 分析此问题数感培养提前干预的方法及活动设计。

教师以 4 的乘法口诀为例，在总结完 4 的乘法口诀之后，将所有 4 的乘法口诀纵向罗列。

师：你们能发现其中的规律吗？

生（合）：每个算式的得数都相差 4。

师：（将所有的得数提取出来排成一排）我现在将其中的几个数字抹掉，你们能快速知道抹掉的数字是几吗？

（学生回答问题。）

师：你掌握了什么快速答题的秘诀？

生 1：相邻的数之间都相差 4，我就联想到了 4 的乘法口诀。

师：以前我们都是用加法或者减法来解决找数字规律的题，你还能从乘法的角度看数字，你可真聪明呀！

错例十二

单元名称：期中自测。

【易错题型】

60 比 8 多（　　），15 比 67 少（　　）。

1. 考查内容的分类：检查题目中已知数据和计算结果的合理性。

2. 从数感的角度分析错误成因："多"字会使学生联想到增加"+"，"少"字会使学生联想到减少"−"，"60 比 8 多（　　）"，有的学生计算出 68，说明学生还在用关键字联系运算符号，没有理解运算符号的实际意义，更没有检查题目中已知数据和计算结果的合理性。

3. 分析此问题数感培养提前干预的知识点与时间点。

知识点：数量的比较模型。

时间点：一年级下册第一单元"加与减（一）"第五课"跳伞表演"。

4. 分析此问题数感培养提前干预的方法及活动设计。

教师可做如下干预。

（1）低年级学生的思维模式以具体形象思维为主导。在比较数的大小时，应让学生多用"画"的方式来表示数量关系。

（2）让学生养成检查的习惯，如"60 比 8 多（68）"，若学生有检查的习惯，则会发现这题的相差量不可能比大数还大，其答案肯定错了。

错例十三

单元名称：第七单元“分一分与除法”——分香蕉。

【易错题型】

分一分，画一画。

（1）

12 ÷ 3= □（个）

（2）

9 ÷ 3= □（颗）

1. 考查内容的分类：数的意义。

2. 从数感的角度分析错误成因：学生需要结合题目理解数字的意义，但一些学生在圈一圈时由于没有理解数字 3 的意义，所以将每 3 个苹果圈一圈。经过学习，学生订正为每 4 个苹果圈一圈。此题圈一圈的关键是根据单位理解每个数的意义。

3. 分析此问题数感培养提前干预的知识点与时间点。

知识点：除法的意义。

时间点：第七单元的“分物游戏”“分苹果”“分糖果”“分香蕉”。

4. 分析此问题数感培养提前干预的方法及活动设计。

由于这是学生第一次学习除法，且表达能力欠佳，所以教师在教授“分香蕉”一课时，可做以下干预。

（1）引导学生说一说每个除法算式中，各数字所代表的意思，培养学生的表达能力，帮助学生理解除法的意义。

（2）鼓励学生动手画一画，如给出 12 ÷ 3=4，让学生画出能用这个算式表示的图形。

（3）布置课后作业——有关平均分的手抄报，让学生在动手做手抄报的过程中强化对平均分和除法的认识。

错例十四

单元名称：第七单元“分一分与除法”——花园。

【易错题型】

数一数，画一画。

（1）画○，使○的个数是△的 3 倍。

△△△

（2）画□，使☆的个数是□的 2 倍

☆☆☆☆☆☆☆☆☆☆

---

1. 考查内容的分类：对数量之间关系的判断与理解。

2. 从数感的角度分析错误成因：此题主要考查数与数之间的倍数关系，以及通过倍数关系中两个相对量的大小比较，按要求将另一个量表示出来；第（2）题学生常答错的原因是没有正确判断倍数关系中的大数、小数，以为所有此类型题都是求大数，所以画了 20 个正方形。

3. 分析此问题数感培养提前干预的知识点与时间点。

知识点：倍的认识。

时间点：二年级上册第七单元“快乐的动物”。

4. 分析此问题数感培养提前干预的方法及活动设计。

在教授“快乐的动物”这一课时，关注学生对倍数关系的理解，教师可以设计以下环节。

师：小猴有 3 只，小鸭有 6 只，6 里面有 2 个 3，我们就可以说 6 是 3 的 2 倍。大家能找一找其他小动物数量之间的倍数关系吗？

总结：引导学生总结，在说谁是谁的几倍时，是大数在前面。

错例十五

单元名称：第七单元“分一分与除法”——练习五。

【易错题型】

车站从早上6时整发出第一辆班车，随后每隔5分钟发出一辆班车，到早上6时32分为止，车站一共发出了（　　）辆班车。

1. 考查内容的分类：数与数量。

2. 从数感的角度分析错误成因：此题主要考查对数与数量关系的判断，学生应根据已知条件和实际情境选择解决问题的策略，答错的主要原因是没有结合实际情境理解题意，便直接进行除法计算。

3. 分析此问题数感培养提前干预的知识点与时间点。

知识点：除法的认识。

时间点：日常教学及课后作业。

4. 分析此问题数感培养提前干预的方法及活动设计。

（1）培养学生读题、审题的习惯，在题干中找到关键词，正确理解题意，为解决问题寻找合理的算法。

（2）培养学生的数学思维，结合实际情境分析问题，找出解决问题的策略。

错例十六

单元名称：第八单元“6～9的乘法口诀”——有多少张贴画。

【易错题型】

想一想，填一填。

6×5=6×4+ □ =6×6- □

6×7=6×6+ □ =6×8- □

1. 考查内容的分类：运算知识。

2. 从数感的角度分析错误成因。

（1）学生没有理解乘法算式的本质含义——几个几，没有细致观察，找到等号两边式子之间的联系，两边式子都是表示相同的几个几。

（2）学生不理解等号右边式子的结构，如 6=1×6，表示 1 个 6 的意思。

3. 分析此问题数感培养提前干预的知识点与时间点。

知识点：乘法的意义。

时间点：本节课。

4. 分析此问题数感培养提前干预的方法及活动设计。

教师可做如下“连连看”游戏的活动设计。

（1）提前准备好数字或算式卡片。

（2）先做出题人，将一个乘法算式当作连连看的目标，如 6×5。

（3）说一说 6×5 表示什么？（表示 6 个 5 或者 5 个 6）选定其中一个意义，如 6 个 5。

（4）找两张卡片，合起来后表示的意义是 6 个 5；找两张卡片，相减后表示的意义是还剩 6 个 5。

错例十七

单元名称：第八单元“6～9 的乘法口诀”——单元复习课。

【易错题型】

选一选。

（1）6 的 9 倍是多少？列式是（　　）。

A.6+8　　B.6×9　　C.54

（2）一个乘数是 6，是另一个乘数的 2 倍，这两个乘数的积是（　　）。

A.36　　B.12　　C.18

（3）（　　）是 8 的 4 倍。

A.44　　B.32　　C.12

1. 考查内容的分类：运算知识。

2. 从数感的角度分析错误成因：题目中出现了三个量——两个乘数和一个积，学生常见的算式是乘数 × 乘数 = 积，对根据题目条件求乘数比较陌生。

3. 分析此问题数感培养提前干预的知识点与时间点。

知识点：倍的认识。

时间点：第八单元的单元复习课。

4. 分析此问题数感培养提前干预的方法及活动设计。

教师可做如下提前练习的活动设计。

（1）提前准备练习题目。

①一个乘数是 2，另一个乘数是 4，这两个乘数的积是多少？

②一个乘数是 4，是另一个乘数的 2 倍，这两个乘数的积是多少？

③一个乘数是 4，另一个乘数是它的 2 倍，这两个乘数的积是多少？

（2）让学生说一说，①和②、③的联系和区别分别是什么？

（3）让学生做一做，并说说是怎么做的。

第四节　二年级下册错例分析及干预案例

错例一

单元名称：第一单元“除法”——分草莓。

【易错题型】

想一想，填一填。

□ ÷7=8……□，要使余数最大，被除数是（　　）。

□ ÷7=8……□，要使余数最小，被除数是（　　）。

1. 考查内容的分类：数量关系。

2. 从数感的角度分析错误成因。

（1）学生提取题中关键信息的能力较为薄弱，以致没有按要求做题，写了其中的一个余数，但不是最大的余数。

（2）学生对有余数除法中的余数和除数之间的“最大余数 = 除数 -1”的关系，以及“被除数 = 商 × 除数 + 余数”的关系认识不够深刻，没有正确理解有余数除法中各部分之间的关系。

3. 分析此问题数感培养提前干预的知识点与时间点。

知识点：有余数除法。

时间点：二年级下册第一单元“搭一搭（一）”。

4. 分析此问题数感培养提前干预的方法及活动设计。

因为本节课是学生第一次学习余数，第一次在除法计算的过程中出现余数，所以学生难以理解。对此，教师应引导学生进行实践操作，通过搭一搭、画一画等操作活动，丰富学生的感性经验，加深学生对有余数除法的理解。

对于余数和除数之间的关系，学生可以用搭一搭的方法，体会“余数一定比除数小”。

错例二

单元名称：第一单元“除法”——搭一搭（二）。

【易错题型】

想一个可以用 16÷5=3……1 解决的问题，和同伴说一说。

1. 考查内容的分类：数量关系。

2. 从数感的角度分析错误成因：学生知道除法的两大含义——平均分和包含除，但在根据算式提问的时候，会出现表述错误。如一共有 16 个苹果，分给 5 个小朋友，平均能分给几个小朋友？还剩几个？正确表述应为：有 16 个苹果，平均分给 5 个小朋友，每个小朋友能分几个？还剩几个？

3. 分析此问题数感培养提前干预的知识点与时间点。

知识点：有余数除法的意义。

时间点：第一单元第二课“搭一搭（一）”。

4. 分析此问题数感培养提前干预的方法及活动设计。

（1）在教学时，教师结合实际情境说出算式中每个数字的含义。

（2）低年级学生的语言表达能力欠佳，可以让学生在小组内多说一说，语言表达尽量准确、严谨。

（3）收集问题小报，鼓励学生用文字、图画等多种形式，根据有余数的除法算式提出问题，进一步理解有余数除法的意义，并加以应用。

错例三

单元名称：第三单元“生活中的大数”——数一数（二）。

【易错题型】

想一想，照样子说一说，并写一写。

三千零一十、三千、二千九百九十

二千九百八十、(　　)、(　　)

二千九百五十、(　　)、(　　)

1. 考查内容的分类：数量关系。

2. 从数感的角度分析错误成因：此前学生接触过找数字规律的习题，但数字都比较小，而且均为阿拉伯数字，所以对于汉字数字比较陌生，难以找到同一数位上数字变化的规律。

3. 分析此问题数感培养提前干预的知识点与时间点。

知识点：数的组成。

时间点：第三单元第一课“数一数（一）”。

4. 分析此问题数感培养提前干预的方法及活动设计。

（1）先从较小的数开始，探寻数字规律的方法。相比汉字数字，学生更熟悉阿拉伯数字，要引导学生选择简单的方法解决问题。

例题：三十一，三十三，三十五，(　　)，(　　)

方法：先将汉字数字转换为阿拉伯数字——31，33，35，可以发现十位上的数字相同、个位上的数字发生了变化——1，3，5。可见这串数字是两个两个数的，所以答案为三十七和三十九。

（2）出示一组较大的数，应用找数字规律的方法。

例题：二千四百三十一，二千四百五十一，二千四百七十一，(　　)，(　　)

方法：先将汉字数字转换为阿拉伯数字——2431，2451，2471，可以发现千位、百位、个位上的数字相同，而十位上的数字发生了变化，说明这组数字是二十个二十个数的。2431，2451，2471，2491，十位上再添 2，就满十要向百位进一了，即 2511，所以答案为二千四百九十一和二千五百一十一。

错例四

单元名称：第三单元“生活中的大数”——数一数（二）。

【易错题型】

你知道吗？

（1）99×4=396=400−4

（2）99×3=297=（　　）−3

（3）99×2=（　　）=（　　）−（　　）

1. 考查内容的分类：数量关系。

2. 从数感的角度分析错误成因：学生知道乘法的意义、乘法与加法的联系，但还没有学习乘法分配律，不理解含有减法的乘法分配律，如果用找规律的方法做这道题，既要在同一组式子中横向观察、寻找规律，也要在三组式子中纵向比较、寻找规律，对于学生来说也是比较困难的。

3. 分析此问题数感培养提前干预的知识点与时间点。

知识点：乘法的意义。

时间点：二年级上册“儿童乐园”。

4. 分析此问题数感培养提前干预的方法及活动设计。

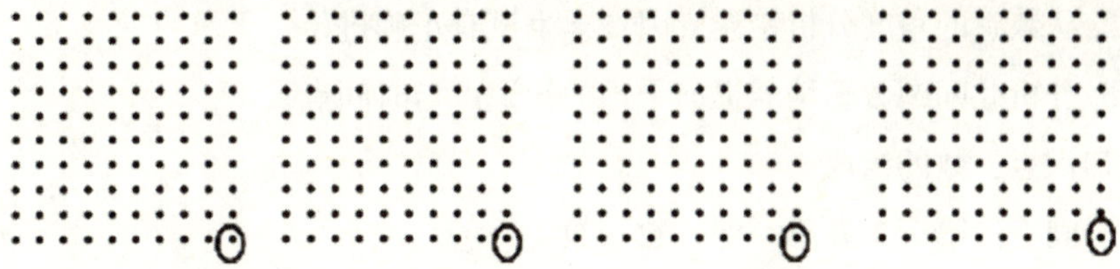

（1）出示带红圈的点子图，4×99，就是 4 个 99，可表示为 4 个（100－1），去掉括号的话是 100－4，结果是 396。

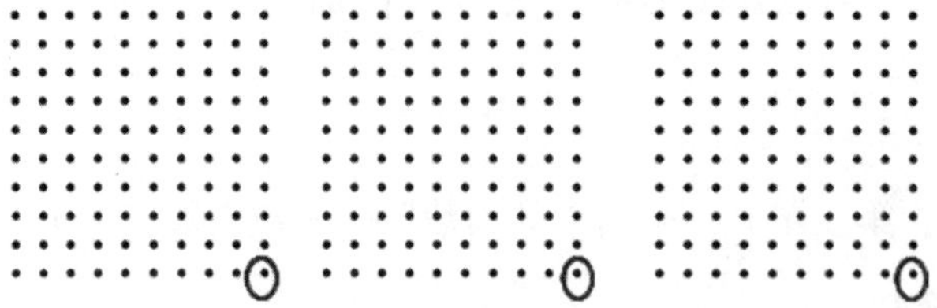

（2）出示带红圈的点子图，3×99，就是3个99，可表示为3个（100－1），去掉括号的话是300－3，结果是297。

教师按照此规律出题，让学生进行练习。

错例五

单元名称：第三单元“生活中的大数”——数一数（二）。

【易错题型】

数一数。

（1）有（　　）个　（2）有（　　）个

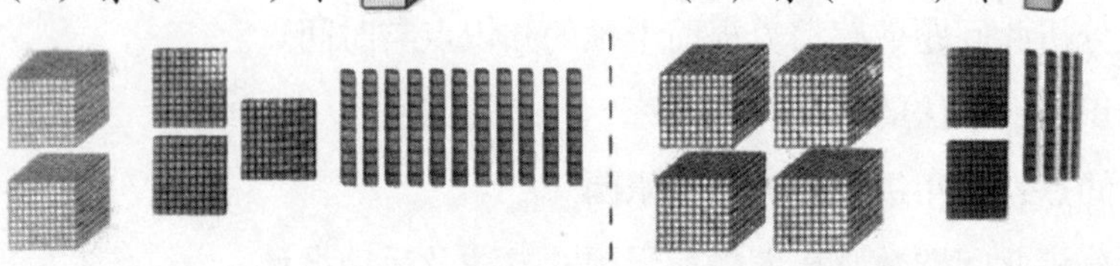

1. 考查内容的分类：数量关系。

2. 从数感的角度分析错误成因：学生没有正确进位。

3. 分析此问题数感培养提前干预的知识点与时间点。

知识点：数的组成。

时间点：第三单元第一课“数一数（一）”。

4. 分析此问题数感培养提前干预的方法及活动设计。

（1）出示方块模型，演示相邻两个计数单位之间的进率是10。

（2）开展同桌活动“我摆你说”，数一数万以内的物体的数量，进一步体会数的组成和进位关系。

错例六

单元名称：第三单元“生活中的大数”——有多少个字。

【易错题型】

估一估，填一填。

50 毫升　　　（　　）毫升　　（　　）毫升

1. 考查内容的分类：运算结果估计。

2. 从数感的角度分析错误成因：学生不明白参照物的作用，没有做好标记；缺乏估计经验，用眼睛观察的时候出现较大误差，且没用尺子辅助测量。

3. 分析此问题数感培养提前干预的知识点与时间点。

知识点：数的组成。

时间点：第三单元第一课“数一数（一）”。

4. 分析此问题数感培养提前干预的方法及活动设计。

（1）引导学生估计物体的数量，并做好标记。

（2）开展小组活动，先数出一把豆子，放进圆柱形杯子里，记录数量，然后估一估其他杯子里有多少粒豆子，并进行检验。请估得好的学生分享估计经验，并应用经验进行再估计。

错例七

单元名称：第三单元“生活中的大数”——比一比。

【易错题型】

在（　　）里填上合适的单位（十、百、千）。

（1）实验小学有 20 个教学班，大约有学生一（　　）人。

（2）上海东方明珠电视塔高四（　　）多米。

（3）买一个铅笔盒大约要二（　　）元。

（4）深圳的地标建筑京基 100 大厦有四（　　）多米高。

1. 考查内容的分类：数与数量。

2. 从数感的角度分析错误成因。

（1）在实际生活中接触大数的经验比较少，或者在接触时没有意识到数量的多少，对大数的概念比较模糊。

（2）对个、十、百、千、万的量级没有具体定量的概念，不能灵活运用定量测量的方法衡量物体的数量。

3. 分析此问题数感培养提前干预的知识点与时间点。

知识点：百、千、万的认识，用定量的方法认识和解决问题。

时间点：一年级下册第三单元“数一数”和二年级下册第三单元“数一数（一）”“数一数（二）”。

4. 分析此问题数感培养提前干预的方法及活动设计。

（1）为了让学生形成初步的量感和空间观念，教师可以先出示十、百、千的直观模型，再出示与其有关的实例，如二年级一共有 157 名同学。

（2）布置作业——“大数小调查”，探究生活中的大数，更直观地感知计量单位，培养学生定量观察的能力，使学生能够灵活运用定量的方法解决实际问题。

错例八

单元名称：第三单元“生活中的大数”——比一比。

【易错题型】

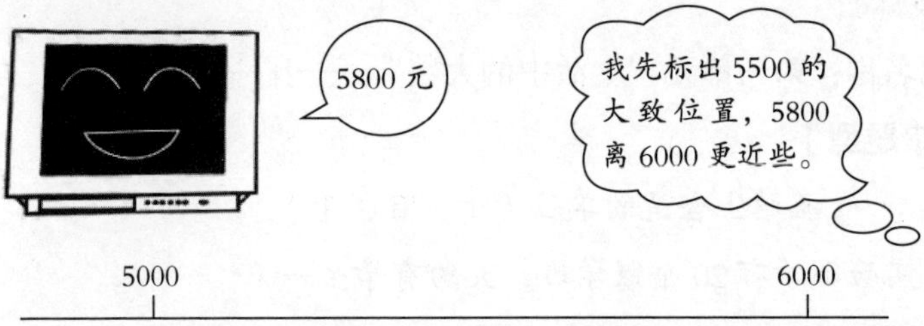

1. 考查内容的分类：运算结果估计。

2. 从数感的角度分析错误成因：学生对运算和测量结果的缺乏概括性的

认识，不会根据实际情境选择合理的估算策略。

3. 分析此问题数感培养提前干预的知识点与时间点。

知识点：数的大小比较。

时间点：一年级下册 100 以内数的大小比较、二年级下册第三单元“比一比”第二课。

4. 分析此问题数感培养提前干预的方法及活动设计。

教师可做如下干预。

师：不同品牌或款式的自行车售价不同，可以按顺序排列，那么不同的数字是不是也可以按顺序排列呢？请仔细观察，在数线图上标出三辆自行车价格所在的位置。

（学生尝试在线段上标出价格，展示结果。）

师：比一比这三辆自行车的价格，哪辆最便宜？为什么？

生 1：1500 ＞ 1200 ＞ 800，因为第二辆车的售价是 800 元，小于 1000 元，而第一辆和第三辆都超过 1000 元了，所以第二辆最便宜。又因为第一辆车 1200 元，比第三辆 1500 元便宜，所以第三辆车最贵。

师：现在商城有一辆摩托车，价格是 3200 元，你能在数线图上标出 3200 元的大致位置吗？说说你的想法。

（学生尝试标出位置，教师引导学生先找到 3500 的位置，再判断 3200 大致在哪里。）

生 1：我先在 3000 到 4000 的正中间标出 3500 的大致位置，然后因为 3200 比 3000 多 200，比 3500 少 300，所以 3200 离 3000 更近些。

生 2：我先把 3000 到 4000 这一段平均分成 10 份，每一份表示 100，这样从 3000 开始往右边数 2 份，就是 3200。

（只要学生说法合理，教师即可给予肯定。）

错例九

单元名称：第三单元“生活中的大数”——单元练习（三）。

【易错题型】

□里最大可填几？

8□0＜820　　47□0＜4758　　652＞6□7

□298＜8230　　506＞□01　　6947＞□890

1. 考查内容的分类：数量关系。

2. 从数感的角度分析错误成因：虽然学生掌握了万以内数的大小比较的方法，但是反过来，已知大小关系来确定数，对于学生来说还是比较困难的，他们可以填出合适的数字，但是在题目要求“最大”的情况下屡屡出错，缺乏合适的策略。

3. 分析此问题数感培养提前干预的知识点与时间点。

知识点：万以内数的大小比较。

时间点：第三单元“生活中的大数”。

4. 分析此问题数感培养提前干预的方法及活动设计。

教师可以根据学生实际水平，适当调整、补充习题，在教学中加强思维训练。

（1）□里可以填几？

47□0＜4758　　506＞□01　　6947＞□890

提示：问大数，就从9倒着试；问小数，就从0正着试。

（2）□里最大可填几？

47□0＜4758

提示：千位——4和4相等，百位——7和7相等，十位——□＜5，所以□里最大可填4。

错例十

单元名称：第四单元“测量”——铅笔有多长。

【易错题型】

在（　　）里填上合适的单位。

（1）小红的身高是125（　　）。

（2）小军手掌宽约65（　　）。

（3）一本《新华字典》厚约3（　　）。

（4）饭桌高约（　　）。

（5）公交 IC 卡厚约 1（　　）。

（6）楼房高约 18（　　）。

1. 考查内容的分类：数与数量。

2. 从数感的角度分析错误成因：学生对长度单位没有形成具体的定量概念，大部分学生在实际生活中未能建立具体单位的准确表象，对长度单位的理解比较模糊。

3. 分析此问题数感培养提前干预的知识点与时间点。

知识点：厘米、毫米、分米、米的认识。

时间点：二年级上册“课桌有多长”、二年级下册“铅笔有多长”和“1米有多长”。

4. 分析此问题数感培养提前干预的方法及活动设计。

（1）以“铅笔有多长”一课教学为例，教师可让学生多带一些物品进课堂（如银行卡、字典等），教师也可以准备多把卷尺，学生小组合作测量多种物品的长度，填写测量清单，将抽象的长度单位变化为具体的物品。

（2）布置家庭作业，让学生测量物品的长度，在脑海中建立长度单位的定量概念，运用定量的方法解决实际问题。

错例十一

单元名称：第五单元“加与减”——回收废电池。

【易错题型】

比 761 多 29 的数是多少？

1. 考查内容的分类：数量关系。

2. 从数感的角度分析错误成因：学生能够根据题目想到运用加法计算，说明他们会将关键字转换成运算符号，但是运算能力较差，所以列式计算出错误的结果——761+29=800。

3. 分析此问题数感培养提前干预的知识点与时间点。

知识点：数量的比较策略。

时间点：一年级下册第一单元“加与减（一）”中“跳伞表演”一课。

4. 分析此问题数感培养提前干预的方法及活动设计。

（1）低年级学生的思维活动主要靠表象完成，还无法很好地认识事物的本质属性，所以教师可以引导学生用画图的方式理解问题。

（2）培养学生认真检查的习惯。在答完题后，重新运算，检查结果是否比 761 多 29。不过度依赖关键字，深入理解题目信息，如果有借位的情况，一定要及时标注好退位点。

（3）减法就是从整体中减去一部分，还剩另一部分。教师在平时教授、应用减法的过程中，可以借助画图或者肢体语言，让学生直观感受减法的意义。

错例十二

单元名称：第五单元“加与减”——小蝌蚪的成长。

【易错题型】

400−108	500−98
=400−（　）−（　）	=500−（　）+（　）
=（　）−（　）	=（　）+（　）
=	=

1. 考查内容的分类：数与数量。

2. 从数感的角度分析错误成因：学生还没有学过简便运算，不知道题目的含义；不能准确使用运算符号，不知道是选择补，还是选择拆。

3. 分析此问题数感培养提前干预的知识点与时间。

知识点：简便运算。

时间点：一年级下册第五单元的复习课。

4. 分析此问题数感培养提前干预的方法及活动设计。

教师在日常教学中，适度融入简便计算的方法，使学生通过补或拆体会简便运算的好处，培养计算思维。

错例十三

单元名称：第五单元“加与减”——练习三。

【易错题型】

光明小学一年级有168人，二年级有245人，学校买来故事书400本，要给一、二年级学生每人发一本。请你估计一下，够吗？为什么？

1. 考查内容的分类：运算结果的估算。

2. 从数感的角度分析错误成因：学生习惯于只用一种方法解决问题——列出算式、精确计算，久而久之形成思维定式，即所有数学问题都必须计算出结果，因此大部分学生都是列式计算，不知该如何进行估算，或估算方法不科学。

3. 分析此问题数感培养提前干预的知识点与时间点。

知识点：估计的作用。

时间点：一年级下册第六单元“加与减（三）”。

4. 分析此问题数感培养提前干预的方法及活动设计。

（1）在学生初次接触估算时就让学生联系生活实际解决问题，逐步感受估算的必要性，体验估算的作用，从而愿意主动去估算。

（2）展示学生的估算方法，学生的初步估算可能不太简便、不太合理，可以让其他学生进行评价和优化，鼓励学生利用估算的方法解决问题，掌握更多的估算技巧。

错例十四

单元名称：第五单元“加与减”——练习四。

【易错题型】

想一想，填一填。

（1）比325多175的数是（　　），比642少542的数是（　　）。

（2）一个数减去236，得到的数是600，这个数是（　　）。

（3）在15的后面添一个0，得到的数比原来的数多（　　）。

1. 考查内容的分类：运算结果的估计。

2. 从数感的角度分析错误成因：学生简单地以为“在 15 的后面添一个 0”这个数就比原来增加了 100 或 50，没有对比数的前后变化，对数在不同数位上所表示的意义理解不够深，并且没有验算。

3. 分析此问题数感培养提前干预的知识点与时间点。

知识点：一个数比另一个数多多少或一个数比另一个数少多少、数的组成。

时间点：二年级下册第三单元“生活中的大数”第二课“拨一拨”和日常教学。

4. 分析此问题数感培养提前干预的方法及活动设计。

（1）二年级学生的抽象运算能力发展还不成熟，所以教师在教学中可以先让学生理解题意，再写出具体数字，最后在纸上进行运算。

（2）培养学生良好的学习习惯，认真审题，细心计算，仔细检查，估计结果是否合理。

错例十五

单元名称：第七单元“时、分、秒”——1 分有多长。

【易错题型】

在（　　）里填上“时”“分”“秒”。

（1）爸爸每天工作 8（　　）。

（2）小明跑 100 米用了 24（　　）。

（3）小朋友们每天睡眠 9（　　）。

（4）唱一遍国歌大约 45（　　）。

（5）课间休息 10（　　）。

（6）小学生每天应该坚持锻炼 1（　　）。

（7）小明步行去学校大约需要 20（　　）。

（8）笑笑的脉搏跳动 80 次大约需要 1（　　）。

1. 考查内容的分类：数与数量。

2. 从数感的角度分析错误成因：没有通过直观感知建立时间观念，不能灵活运用定量的方法衡量时间；对一些词语比较陌生，如脉搏跳动。

3. 分析此问题数感培养提前干预的知识点与时间点。

知识点：时间单位的认识。

时间点：二年级下册第七单元“奥运开幕”“1 分有多长”。

4. 分析此问题数感培养提前干预的方法及活动设计。

在教学过程中，给学生留出充足的时间亲身感受 1 分、1 秒有多长，还可以与体育课结合，设计“1 分钟能走 / 跑多少米”“1 分钟能拍多少下球”“1 分钟能跳多少下绳”“跑 100 米需要多久”等实践活动，或布置家庭作业，记录“做作业需要多长时间”“每天睡多长时间”等，反复强化学生的时间观念。

第五节　三年级上册错例分析及干预案例

错例一

单元名称：第一单元“混合运算”——小熊购物。

【易错题型】

三（1）班有 6 组，每组有 8 人，全班有女生 23 人，男生有多少人？

1. 考查内容的分类：数量关系。

2. 从数感的角度分析错误成因：学生没有理解问题情境和所需计算之间的关系，所以计算为 6×8+23=48+23=71（人）；题目中，女生人数是全班总人数的一部分，想要求出男生人数应该利用总人数减女生人数，即 6×8−23=48−23=25（人）。

3. 分析此问题数感培养提前干预的知识点与时间点。

知识点：混合运算法则。

时间点：日常教学。

4. 分析此问题数感培养提前干预的方法及活动设计。

由于本题中的数据和班级实际情况很接近，所以可以让学生联系实际进行思考。先让学生数一数本班人数，估计一下本班男生的数量，再算出题目中的总人数，根据“全班有女生 23 人”这一信息，可以得出结论：男生有 20 多人。这样可以快速检验出错误答案。

错例二

单元名称：第一单元“混合运算”——练习一。

【易错题型】

用递等式计算。

48−32÷4　　　（35+28）÷7　　　56−36÷4

1. 考查内容的分类：运算结果估计。

2. 从数感的角度分析错误成因：学生习惯从左到右进行运算，没有从数学的角度进行思考，不理解为什么要“先乘除，后加减”。

3. 分析此问题数感培养提前干预的知识点与时间点。

知识点：混合运算。

时间点：本节课、日常练习。

4. 分析此问题数感培养提前干预的方法及活动设计。

（1）引导学生主动运用数学思维观察、分析、解决日常生活中的问题。

（2）学生以小组为单位创设与实际生活相关的情境，经历提出问题、解决问题的过程，实现知识的有机联系，加深对混合运算顺序的理解。

错例三

单元名称：第三单元“加与减”——捐书活动。

【易错题型】

在○里填上“>”、“<”或“=”。

528+269 ○ 304+497

267+425 ○ 464+227

1. 考查内容的分类：数量关系。

2. 从数感的角度分析错误成因：在比较数的大小时，容易忘记进位，没有认真计算、及时验算；没有掌握更简便的比较方法，如第二个式子左边的267比右边的227多40，右边的465比左边的425多40，所以两个式子的得数是相等的。

3. 分析此问题数感培养提前干预的知识点与时间点。

知识点：连加法脱式计算。

时间点：本节课。

4. 分析此问题数感培养提前干预的方法及活动设计。

（1）对于较大数的连加计算，应该引导学生尝试估算结果。

（2）组织学生集体交流，总结不同的算法，注意引导学生观察数的特点，对能够运用简便方法计算的学生给予鼓励和表扬。

（3）让学生反思和交流，互相说一说连加计算应该注意的问题，养成认真计算、及时验算的好习惯。

错例四

单元名称：第一单元“混合运算”与第三单元“加与减”——里程表（二）。

【易错题型】

下面是“广州—南昌”铁路示意图。

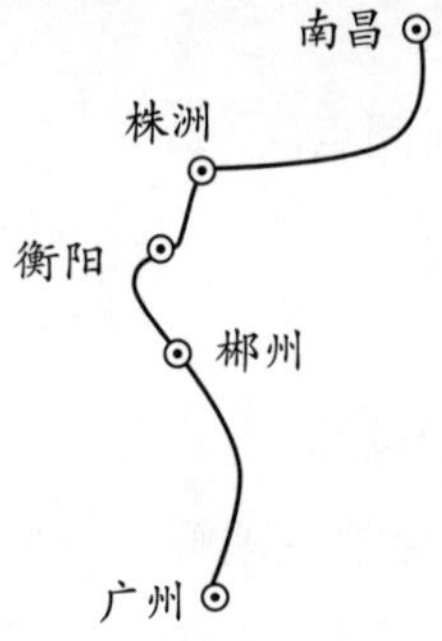

路线	里程 / 千米
广州—郴州	347
广州—衡阳	494
广州—株洲	628
广州—南昌	995

在图中画一画，再填一填。

路线	里程 / 千米
郴州—衡阳	
衡阳—株洲	
株洲—南昌	

火车从广州出发，行驶了约700千米，在图中标出火车的大概位置。

1. 考查内容的分类：数与数量。

2. 从数感的角度分析错误成因：没有理解问题情景和所需计算之间的关系，不能利用有效的数表示方式和计算方法，因此标错了“700 千米”的位置。

3. 分析此问题数感培养提前干预的知识点与时间点。

知识点：加与减，估算。

时间点：本节课。

4. 分析此问题数感培养提前干预的方法及活动设计。

在教学中，教师可以让学生观察尺子，比较 7 厘米和 10 厘米的相对位置，再推理到总路程为 995 千米（接近 1000 千米），根据 347 千米、494 千米、628 千米的位置，确定 700 千米的大致位置。

错例五

单元名称：第四单元“乘与除”——丰收了。

【易错题型】

判断对错。对的画“√”，错的画“×”。

300 的 6 倍是 60。(　　)

1. 考查内容的分类：数量关系。

2. 从数感的角度分析错误成因：没有充分了解乘法和除法的意义，混淆了乘法和除法的应用情况。

3. 分析此问题数感培养提前干预的知识点与时间点。

知识点：数量之间的倍数关系。

时间点：本节课。

4. 分析此问题数感培养提前干预的方法及活动设计。

在教学过程中，教师可以用画图的方法，引导学生理解“一个数乘一个大于 1 的数，得到的结果应该大于这个数本身”，因此 300 的 6 倍不可能是 60。

错例六

单元名称：第五单元“周长”——什么是周长。

【易错题型】

把 4 个大小一样的正方形分别拼成长方形和正方形，两个图形的周长一样吗?

1. 考查内容的分类：运算结果估计。

2. 从数感的角度分析错误成因：学生没有意识到解决同一个问题可以有多种策略，也没有理解问题情境和所需计算之间的关系，求周长的问题既可以描一描边、数一数，也可以利用长方形和正方形的周长公式进行计算，然而有些学生并没有使用这两种方法。

3. 分析此问题数感培养提前干预的知识点与时间点。

知识点：正方形和长方形的周长。

时间点：本节课。

4. 分析此问题数感培养提前干预的方法及活动设计。

学生很容易混淆周长和面积的概念，可以让其将几个同等面积的纸片或者橡皮泥组合成长方形、正方形，动手描一描，体会周长的不同。

错例七

单元名称：第六单元“乘法”——去奶奶家。

【易错题型】

$$\begin{array}{r} 37 \\ \times \quad 8 \\ \hline \end{array}$$

1. 考查内容的分类：运算结果估计。

2. 从数感的角度分析错误成因：学生在计算之后没有检查计算结果的合理性。

3. 分析此问题数感培养提前干预的知识点与时间点。

知识点：乘法的竖式计算。

时间点：日常练习。

4. 分析此问题数感培养提前干预的方法及活动设计。

在教学中，引导学生运用估算的方法检验计算结果，培养学生认真检查的习惯。例如，由 $40\times8=320$，37 小于 40 可知，37×8 的结果一定小于 320，如果在计算时对结果进行估算，就能发现与这个结果相差过大的肯定是错误的。

错例八

单元名称：第六单元“乘法”——乘火车。

【易错题型】

想一想，填一填。

$$\begin{array}{r} \square\ 3\ 4 \\ \times\quad\ \square \\ \hline \square\ \square\ 0 \end{array}$$

1. 考查内容的分类：运算结果估计。

2. 从数感的角度分析错误成因：这道题目是把乘法计算转化为填数游戏，而小学生的推理能力较差，没有正确理解题意。

3. 分析此问题数感培养提前干预的知识点与时间点。

知识点：乘法的竖式计算。

时间点：利用课前三分钟熟悉乘法口诀。

4. 分析此问题数感培养提前干预的方法及活动设计。

教师可以让学生回顾 4 的乘法口诀，数感较好的学生很快就能得出答案，数感较差的同学可能就被问题难倒了。不妨换一种方式，教师可以使用循循善诱的策略，如问“这个数字可能是 5 吗？”根据类似的提问，学生会考虑未知数与已知数的关联。几次尝试，终于得到正确结果。

错例九

单元名称：第七单元“年、月、日”——一天的时间。

【易错题型】

一、判断对错。对的画“√”，错的画“×”。

（1）从7：40到8：30共经过了1时10分。

（2）18时就是晚上8时。

（3）12：00就是晚上12时。

二、填空。

（1）从上午8时到中午11时20分，共经过了（　　）时（　　）分。

（2）从11：20到13：15，共经过了（　　）时（　　）分。

1. 考查内容的分类：数量关系。

2. 从数感的角度分析错误成因：计算时间的问题过于抽象，学生不易理解计算的过程和方法，也没有联系生活实际进行分析。

3. 分析此问题数感培养提前干预的知识点与时间点。

知识点：时间段的长度。

时间点：“一天的时间”课上教学及课后辅导。

4. 分析此问题数感培养提前干预的方法及活动设计。

教师可以让学生借助表盘，通过数一数、画一画等直观的方法来推算时间，感受时间单位和时间间隔的长度，培养学生的数学眼光及适应新问题、接受新知识、运用所学知识解决实际问题的能力。

错例十

单元名称：第八单元“认识小数”——能通过吗。

【易错题型】

6角=（　　）元

2元4分=（　　）元

3.65元=（　　）元（　　）角（　　）分

5.67=（　　）米（　　）分米（　　）厘米

1. 考查内容的分类：数与数量。

2. 从数感的角度分析错误成因：学生对长度单位没有确切的概念，对人民币的认识不够直观和具体，对小数的理解不够透彻。

3. 分析此问题数感培养提前干预的知识点与时间点。

知识点：借助长度单位模型理解小数的意义。

时间点：二年级上册第二单元“购物”。

4. 分析此问题数感培养提前干预的方法及活动设计。

由于学生对数的认识要经历从具体到抽象，再由抽象到具体的过程，教师可以采用数形结合的方法，运用直观模型，加深学生对小数的认识，体会小数和整数的相似性。例如，学生可以用尺子量一量物体的长度，直观感知米、分米、厘米之间的关系；比较不同面值的人民币，在日常生活中体现购物付款与找零；找一找生活中的小数，丰富对小数的认识。

错例十一

单元名称：期中自测。

【易错题型】

（1）奇奇士多店上午售卖收入345元，比下午少110元，奇奇士多店一天收入共（　　）元。

A.456　　　　B.580　　　　C.800

（2）一件上衣345元，比裤子贵178元，买一套衣服需要（　　）元。

A.512　　　　B.523　　　　C.868

1. 考查内容的分类：数量关系。

2. 从数感的角度分析错误成因：低年级学生在解决“谁比谁多”“谁比谁少”这类问题时容易混淆其中的数量关系。

3. 分析此问题数感培养提前干预的知识点与时间点。

知识点：比多比少。

时间点：三年级上册第二单元“加与减”。

4. 分析此问题数感培养提前干预的方法及活动设计。

（1）引导学生在理解题意时下功夫，先补全题目再动笔。例如，“上衣 345 元，比裤子贵 178 元”，补全为“上衣 345 元，上衣比裤子贵 178 元”，这时候学生就容易发现上衣比裤子更贵。

（2）设计反思和交流环节，学生互相说一说竖式计算应该注意的问题，使其认识到大数的计算很容易出错，要养成认真仔细、及时验算的好习惯。

错例十二

单元名称：“数学好玩”——时间与数学。

【易错题型】

小军是一名小学三年级学生，星期六、星期日休息；小军的父亲是一名飞行员，每工作 2 天后休息 1 天；小军的母亲是一名医生，每工作 3 天后休息一天。

（1）见表 6-3，11 月 1 日小军的父母同时开始休息，从这一天开始算起，到 11 月 30 日止，用□表示父亲的休息日，用△表示母亲的休息日。

表 6-3　11 月日历

星期日	星期一	星期二	星期三	星期四	星期五	星期六
				1	2	3
4	5	6	7	8	9	10
11	12	13	14	15	16	17
18	19	20	21	22	23	24
25	26	27	28	29	30	

（2）讨论并填空。

父子共同的休息日（　　　）。

母子共同的休息日（　　　）。

父母共同的休息日（　　　）。

全家共同的休息日（　　　）。

1. 考查内容的分类：数与数量。

2. 从数感的角度分析错误成因：学生对数据较多的题目不够耐心，缺乏专注力。

3. 分析此问题数感培养提前干预的知识点与时间点。

知识点：用字母或者图形表示时间，初步感受最小公倍数。

时间点：本节课。

4. 分析此问题数感培养提前干预的方法及活动设计。

（1）引导学生结合日历说一说每个人的休息日都是怎样的规律，用不同的符号标记休息日。

（2）说一说用这样的图表示共同休息日的好处，初步感受集合思想，体会到生活和数学的密切联系。

（3）尝试用数表达和交流信息，体会数学的价值和应用意义。

第六节　三年级下册错例分析及干预案例

错例一

单元名称：第一单元“除法”——分桃子。

【易错题型】

98 本书平均分给 3 个班，每班分到多少本，还剩多少本?

1. 考查内容的分类：运算结果估计。

2. 从数感的角度分析错误成因：估算是一种重要的数学思想和数学能力，而学生缺乏对运算结果进行估算的意识，且对除法的算理一知半解。

3. 分析此问题数感培养提前干预的知识点与时间点。

知识点：两位数除以一位数，估算。

时间点：日常教学。

4. 分析此问题数感培养提前干预的方法及活动设计。

本节课的知识点是两位数除以一位数的计算方法。学生在三年级上学期学习了整十除以一位数的口算方法，在本节课平均分物的时候，可以将分物、摆小棒与口算联系起来，结合实际情境，培养学生提出问题、解决问题的能力。

错例二

单元名称：第一单元“除法”——节约。

【易错题型】

填一填。

被除数	545	（　　）
除数	5	4
商	（　　）	132

1. 考查内容的分类：数量关系。

2. 从数感的角度分析错误成因。

（1）学生对数与量的意义理解不够透彻，不理解被除数的意义。

（2）学生未能理解“商 = 被除数 ÷ 除数”的数量关系。

（3）个别学生靠熟记公式知道“商 = 被除数 ÷ 除数”，遇到类似问题都习惯用除法去解决问题，缺乏审题能力和对运算方法的选择与判断能力。

3. 分析此问题数感培养提前干预的知识点与时间点。

知识点：两位数除以一位数的计算方法。

时间点：三年级下册第一单元中“分桃子”“分橘子”两课。

4. 分析此问题数感培养提前干预的方法及活动设计。

创造自主、和谐、平等的课堂氛围，给学生提供更多的表现机会，引导学生根据已有经验理解被除数、除数和商的关系，提高学生的理解能力和表达能力。

错例三

单元名称：第一单元“除法”——讲故事。

【易错题型】

说一说，再列式计算。

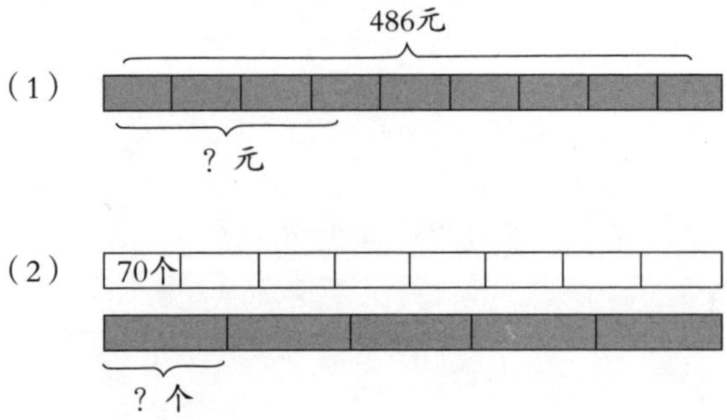

1. 考查内容的分类：数量关系。

2. 从数感的角度分析错误成因：不清楚问题情境中的数量关系，运算方法选择错误，数据分析能力较差。

3. 分析此问题数感培养提前干预的知识点与时间点。

知识点：连除法的两步计算。

时间点：三年级下册第一单元中“分桃子”“分橘子”两课。

4. 分析此问题数感培养提前干预的方法及活动设计。

（1）培养学生的审题能力、分析能力，引导学生说一说发现了哪些数学信息及题目中的数量关系，尝试列式计算，并说出每一步式子所表示的意思。

（2）引导学生根据图中的信息分析数量关系。以图中（1）题为例，9 个方格一共是 486 元，求 4 个方格是多少。解决类似问题，一般先求每份是多少，再求几份是多少。

错例四

单元名称：第一单元“除法”——商是几位数。

【易错题型】

问题：624 ÷ 6=

错例：624 ÷ 6=14

订正：624 ÷ 6=104

1. 考查内容的分类：运算结果估计。

2. 从数感的角度分析错误成因：口算时，不能正确判断商是几位数，忘记在商的中间或者末尾添 0，或者不知道把被除数看作多少再进行估算。

3. 分析此问题数感培养提前干预的知识点与时间点。

知识点：三位数除以一位数的表内除法。

时间点：第一单元“除法”。

4. 分析此问题数感培养提前干预的方法及活动设计。

复习多位数除以一位数的计算方法，可以先利用表内除法，用一位数去除这个数的每一位，哪一位不够除，就在那一位商 0。

教师可以设计有针对性的强化训练：判断商中有几个 0，以及口算除法。

师：首先，商是一位数，所以看被除数的第一位。

生 1：6 ÷ 6=1。

师：接下来呢？

生 2：2 除以 6 不够除，所以填 0 占位；24 ÷ 6=4，所以最后的结果是 104。

错例五

单元名称：第三单元“乘法”——电影院。

【易错题型】

填一填。

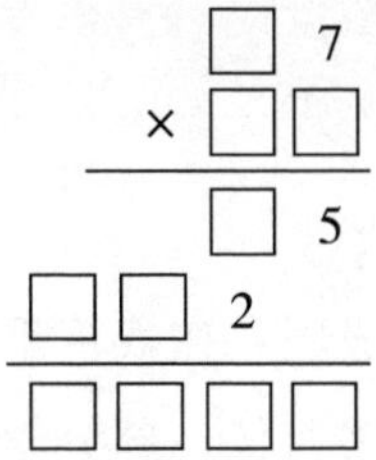

1. 考查内容的分类：运算结果估计。

2. 从数感的角度分析错误成因：学生不理解题意，不熟悉表内乘法。

3. 分析此问题数感培养提前干预的知识点与时间点。

知识点：两位数乘两位数的乘法竖式计算。

时间点：第三单元“乘法”（两位数乘两位数）。

4. 分析此问题数感培养提前干预的方法及活动设计。

复习两位数乘以两位数的笔算过程，首先用一个乘数的个位数字乘另一个乘数，得到的积应写在使它的个位与竖式中乘数的个位对齐的位置；第二次用乘数的十位数字乘另一个乘数，得到的积另起一行，写在使它的个位与乘数的十位对其的位置上，再把两个积相加。

师：谁与 7 相乘可以得到个位是“5”的数？

生 1：5×7=35。

师：那么第一个乘数只能是多少？

生 2：17。

师：第二个乘数的十位，谁与 7 相乘可以得到个位是“2”的数？

生 3：6×7=42。

师：这样我们就确定了两个乘数是多少，再进行竖式计算。

错例六

单元名称：第四单元“千克、克、吨”——1 吨有多重。

【易错题型】

9 吨 =（　　）千克

13 kg=（　　）g

15000 kg=（　　）t

1. 考查内容的分类：数与数量。

2. 从数感的角度分析错误成因：在换算重量单位时，学生下意识地认为它们之间的关系应为整十倍、整百倍，部分学生并不清楚相关数量单位之间的关系。

3. 分析此问题数感培养提前干预的知识点与时间点。

知识点：长度单位、时间单位换算。

时间点：第一单元“除法”。

4. 分析此问题数感培养提前干预的方法及活动设计。

（1）创设贴近生活实际的情境，引导学生结合已有经验探究物品的具体的量。

（2）设计主题实践活动，让学生由被动学习变为主动探索，感悟数量之间的关系，建立数感。

（3）让学生多列举生活中的实例，用数学的眼光发现问题，用数学知识解决实际问题。

错例七

单元名称：第五单元“面积”——面积单位。

【易错题型】

在下面括号里填写合适的面积单位。

（1）一个铅笔盒底面的面积大约是 70（　　）。

（2）小东家客厅的面积大约是 25（　　）。

（3）一张课桌桌面的面积大约是 70（　　）。

（4）教室门的面积大约是 2（　　）。

（5）《知识与能力训练》数学练习册封面的面积大约是（　　）。

（6）一张邮票的面积大约是（　　）。

1. 考查内容的分类：数与数量。

2. 从数感的角度分析错误成因：不能确定是用长度单位还是用面积单位，不会估计物体的面积，不能正确使用面积单位。

3. 分析此问题数感培养提前干预的知识点与时间点。

知识点：面积单位的应用。

时间点：第五单元“面积”。

4. 分析此问题数感培养提前干预的方法及活动设计。

（1）明确用哪一类单位，度量物体的高矮、长短要用长度单位，测量物体表面或者封闭图形的大小要用面积单位。

（2）明确物体的大小，较小物体的面积通常用平方厘米、平方分米做单位，较大物体的面积通常用平方米做单位。

（3）区分每一类单位的常见标准量，如指甲盖的面积大约是 1 平方厘米。

错例八

单元名称：第五单元“面积”——长方形的面积。

【易错题型】

把一个长为 18 厘米、宽为 12 厘米的长方形剪成一个最大的正方形，这个正方形的面积是多少平方厘米？剩余的面积是多少平方厘米？

1. 考查内容的分类：数与数量。

2. 从数感的角度分析错误成因。

（1）不能正确应用长方形的面积公式，混淆了长方形面积公式与周长公式的用法。

（2）不认真审题，忽略了单位的统一和换算。

3. 分析此问题数感培养提前干预的知识点与时间点。

知识点：长方形和正方形的面积公式。

时间点：第五单元“面积”。

4. 分析此问题数感培养提前干预的方法及活动设计。

引导学生经历长方形和正方形面积计算公式的推导过程，掌握单位之间的换算方法。

师：同学们拿出一张长方形的纸，我们一起来折出一个正方形，这个正方形的边长最大是多少？

错例九

单元名称：第五单元“面积”——面积单位的换算。

【易错题型】

40 平方分米 =（　　）平方厘米

300 平方厘米 =（　　）平方分米

1. 考查内容的分类：数与数量。

2. 从数感的角度分析错误成因：没有掌握面积单位之间的进率。

3. 分析此问题数感培养提前干预的知识点与时间点。

知识点：长方形、正方形的面积。

时间点：二年级下册长度单位、时间单位的换算，三年级下册重量单位的换算。

4. 分析此问题数感培养提前干预的方法及活动设计。

（1）设计多样化的教学活动，引发学生积极思考。例如，提供面积为1平方厘米、1平方分米、1平方米的实物，再让学生摆一摆，借助几何直观，理解1平方分米=100平方厘米等数量关系。学生在动手操作的过程中，深入感悟数量之间的关系，建立数感。

（2）布置相关习题。例如，将面积为1平方厘米（1平方分米）的小方块，贴上面积为1平方分米（1平方米）的大方块，多少个小方块能贴满一个大方块？

错例十

单元名称：第五单元“面积”——单元练习（五）。

【易错题型】

王伯伯用篱笆在家后院靠墙边围了一块菜地（如图6-4所示），这块菜地的面积是多少平方米？围成这块菜地的篱笆需要多少米？

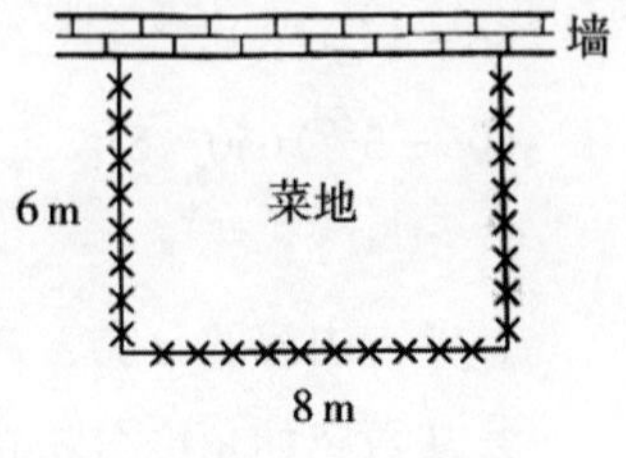

图6-4　一块菜地

1. 考查内容的分类：数与数量。

2. 从数感的角度分析错误成因：审题不认真，在边长不明确的情况下无从下手，不会分析问题。

3. 分析此问题数感培养提前干预的知识点与时间点。

知识点：长方形和正方形的面积公式。

时间点：第五单元“面积”。

4. 分析此问题数感培养提前干预的方法及活动设计。

引导学生审题，明确要求出菜地的面积和周长，必须知道菜地的长和宽；墙面所在的那条边，不计入周长。

师：求菜地的面积，可以看作求哪种图形的面积？

生 1：长方形的面积，长 × 宽。

师：那么求篱笆的长度呢？

生 2：可以看作求周长。

师：需要求出长方形四条边的长度总和，对吗？

生 3：求出三条边的和即可，因为有一条边是墙，不需要围篱笆。

错例十一

单元名称：期中自测。

【易错题型】

在○里填上“>”“<”或“=”。

15 × 2 ○ 12 × 5

324 ÷ 3 ○ 428 ÷ 4

56 ÷ 4 ○ 65 ÷ 5

605 ÷ 5 ○ 650 ÷ 5

1. 考查内容的分类：数与数量、运算结果估计。

2. 从数感的角度分析错误成因：没有根据乘法和除法的算理来进行计算、比较算式的大小，没有认真动笔列竖式计算。

3. 分析此问题数感培养提前干预的知识点与时间点。

知识点：乘法、除法的意义。

时间点：二年级上册“乘法”、三年级上册“乘与除”、三年级下册“除法”这几个单元。

4. 分析此问题数感培养提前干预的方法及活动设计。

积极营造和谐的课堂氛围，引导学生根据已有经验理解两位数乘一位数、两位数除一位数、三位数除一位数的计算方法，提高学生解决问题的能力。

错例十二

单元名称："数学好玩"——我们一起去游园。

【易错题型】

三（1）班有45名同学去划船。大船每条30元，限坐8人；小船每条20元，限坐5人，怎样租船最省钱?

1. 考查内容的分类：数与数量。

2. 从数感的角度分析错误成因：没有理解题意，计算错误。

3. 分析此问题数感培养提前干预的知识点与时间点。

知识点：综合应用乘法、除法知识解决实际问题。

时间点：第一单元"除法"和第三单元"乘法"。

4. 分析此问题数感培养提前干预的方法及活动设计。

教师可做如下干预。

师：请同学们观察图片，说一说你们发现了哪些信息、要解决什么问题。

生1：大船每条30元，可以坐8人；小船每条20元，可以坐5人；一共有45名同学。

师：可以怎样租船？需要多少钱?

教师整理租船方案并列表进行对比，引导学生找出最省钱的方案。

第七节　四年级上册错例分析及干预案例

错例一

单元名称：第一单元"认识更大的数"。

【易错题型】

一本《寓言故事》有10万字，10本《寓言故事》一共有（　　）字，100

本《寓言故事》一共有（　　）字。

1. 考查内容的分类：数与数量。

2. 从数感的角度分析错误成因：由于本节课大数的认识都是万以上的大数，学生在日常生活中较少接触这样的大数，对数和量缺乏足够的认识，没有形成良好的数感，找到直观的物体模型与大数建立联系比较困难，因此在做此类题时学生很容易出错。

3. 分析此问题数感培养提前干预的知识点与时间点。

知识点：认识比十万更大的计数单位和数位，相邻的计数单位之间是十进关系。

时间点：本节课。

4. 分析此问题数感培养提前干预的方法及活动设计。

教师可以采用直观演示法、合作学习法，给学生准备数位很多的计数器，让学生自主发现规律，集体交流。教师用计数器演示，在十万位上拨 9 颗珠子，边拨边数，然后提问：再拨一个珠子是多少？在计数器上如何表示一百万？一百万有多少个十万？引导学生理解 10 个十万是一百万、满十进一。以此类推。

错例二

单元名称：第一单元“认识更大的数”——近似数。

【易错题型】

（1）用四舍五入法求下面各数的近似数。

50900 ≈（　　）万　　　　355211 ≈（　　）万

20988880000 ≈（　　）亿　　91113333 ≈（　　）亿

（2）一个五位数，它的个位、十位、百位上的数字都是 1，用四舍五入法取近似数约等于 2 万，这个五位数最大是（　　），最小是（　　），在图上标一标，再填一填。

（3）一个五位数四舍五入到万位约等于 7 万，这个数最大是（　　），最小是（　　）。

（4）用 3、3、3、3、3、0、0、0、0 这九个数字，组成一个全部 0 都读出来的九位数。这个九位数是（　　）。

1. 考查内容的分类：运算结果估计。

2. 从数感的角度分析错误成因。

（1）学生在本单元初认识更大的数时，没有熟练掌握数位的顺序，没有养成分级的习惯。同时，学生不理解求近似数的道理，对四舍五入法求近似数一知半解，看到 5、9、1 这些比较极端的数字就直接套用四舍五入法进行舍去或者入一。

（2）学生对近似数的认识不够全面，知道是接近的、大概的，但没有认识到近似数既有可能比原来的精确数大，也有可能比原来的精确数小。因此，在知道数线上近似数的位置求原数的范围时，既要看近似数的左边，也要看它的右边。

（3）本题与上一题的问题相似，已知近似数的大小，猜测原数最大是多少、最小是多少。题目难度更大，要求学生脱离直观图解决问题。如果学生对近似数的认识不够深入、对求近似数的方法（四舍五入）掌握不够好，就很容易做错。

3. 分析此问题数感培养提前干预的知识点与时间点。

知识点：用四舍五入法求近似数。

时间点：本节课。

4. 分析此问题数感培养提前干预的方法及活动设计。

（1）掌握数位顺序表，养成分级看数的习惯。在对大数分级的基础上认识近似数，在结合数线学习近似数的时候，尝试找一找“附近的整万数”。再通过交流展示，进一步明确求近似数的方法。

（2）借助数线用四舍五入求近似数时，可以直观感受原数更接近哪个数。在数线上找一个数，同桌之间说一说这个数更接近哪个数；在数线上找一找还有哪些数也接近原数，看看谁找得多；进行总结，说说自己有了哪些新的认识。

（3）要突破这类难题，学生需要理解四舍五入法的含义。在教学过程中，让学生结合数线深入交流、讨论，从而理解四舍五入法求近似数的原理。学生学会看数线、画数线后，尝试在脑海中想象数线，每一次求近似数的时候都尝试想象出数线，将数线与四舍五入法联系起来。

错例三

单元名称：第三单元“乘法”——卫星运行时间。

【易错题型】

（1）找房子。把算式和对应的房子连起来。

497×82　89×586　679×89　311×49

（2）小马虎做一道乘法题，他把其中一个乘数76看成了67，结果得到的积比原题正确的答案少了324，你知道原题的正确答案是多少吗？

1. 考查内容的分类：运算结果估计、数量关系。

2. 从数感的角度分析错误成因。

（1）估算的方法不唯一，运算方法的选择与判断不同会有不同的估计结果。学生在估算时可以把两个乘数都估小，也可以把两个乘数都估大，还可以把一个乘数估大、另一个乘数估小，当遇到具体乘法算式时没有办法快速选择正确的估算方法。

（2）学生在二年级学习乘法后，掌握了乘法的计算方法，但对乘法的意义了解不多。计算的方法和准确性固然重要，但计算的原理同样重要。本题考查的是乘法的意义，而不少学生只考虑到了乘法的计算方法。

3. 分析此问题数感培养提前干预的知识点与时间点。

知识点：三位数乘两位数的估算和计算方法、乘减混合运算。

时间点：本节课。

4. 分析此问题数感培养提前干预的方法及活动设计。

（1）小组讨论法、自我反思法、巩固练习法。学生列出算式，进行估算，开展小组讨论。待计算出准确结果后，教师引导学生对照自己估算的结果，算一算估算值与精确值的误差，反思自己的估算方法，提升估算的意识和能力。新授后及时补充巩固练习，如下所示。

估一估，选出正确答案：

621×88	321×58
483×91	593×87
积大于 5 万	积小于 5 万

（2）在北师大版教材中，计算教学通常结合现实情境展开。以“卫星运行时间”一课为例，结合竖式引导学生理解 114 乘 21 时，先用 114 乘个位上的 1，是先求卫星绕地球 1 圈需要多长时间，再用 114 乘十位上的 2，是求卫星绕地球 20 圈需要多长时间，绕 1 圈的时间加上绕 20 圈的时间，就是卫星绕地球 21 圈的时间。同时，可以让学生结合情境交流、讨论，巩固所学知识。

错例四

单元名称：第三单元“乘法”——有多少名观众。

【易错题型】

（1）用合适的方法估算。

58×28 ≈　　119×4 ≈　　230×42 ≈　　24×41 ≈

73×60 ≈　　48×31 ≈　　88×103 ≈　　46×19 ≈

（2）每个算式能打中哪个靶？连一连。

29×61　　28×19　　102×19　　35×211

500 ~ 800　　1200 ~ 2000　　900 ~ 1200　　6000 ~ 8000

（3）笑笑一家三口准备寒假去某地旅游，预计支出情况：全家三人合计往返机票费为 3700 元、住宿费（每晚）为 420 元、伙食及其他（每天）为

280 元。如果外出旅游 7 天 6 晚，请估一估预计支出多少钱？

1. 考查内容的分类：运算结果估计。

2. 从数感的角度分析错误成因：没有选择正确的估算方法。

3. 分析此问题数感培养提前干预的知识点与时间点。

知识点：对生活中较大的数进行估计

时间点：本节课。

4. 分析此问题数感培养提前干预的方法及活动设计。

教师可以让学生先自主探究，如估算乘法算式 160×28 或 170×28，再进行集体交流：哪种方法更合理、更简便？判断的依据是计算过程是否简单、是否更接近实际的结果。学生在自主探索和集体交流的过程中，积累了分析问题和解决问题的活动经验，从而发展数感。

错例五

单元名称：第三单元“乘法”——练习（三）。

【易错题型】

（1）一次阅兵仪式，一共有 14 个徒步方队，每个方队有 16 排，每排有 25 名士兵，这 14 个徒步方队一共有多少名士兵？

（2）一辆洒水车每分钟行驶 52 米，洒水的宽度是 6 米，洒水车行驶 20 分钟洒水面积是多少平方米？

（3）粮库准备运 800 袋面粉和 1200 袋大米。每袋面粉重 25 千克，每袋大米重 20 千克。这些粮食一共重多少吨？用限载 8 吨的卡车来运这些粮食至少要运多少次？

1. 考查内容的分类：数与数量。

2. 从数感的角度分析错误成因：没有厘清数量关系，仅仅是单独地看每个量，并没有把数量联系起来形成判断并解决问题。

3. 分析此问题数感培养提前干预的知识点与时间点。

知识点：三位数乘两位数。

时间点：本单元每节新授课与习题评讲。

4. 分析此问题数感培养提前干预的方法及活动设计。

解决具体问题时，教师先让学生圈出关键字，分析每一个数量，整体把握数量之间的关系，再加以引导列出算式，在解决完问题后请同学们分享、总结解决此类应用题的方法以及需要注意什么，适时补充巩固练习，如下所示。

（1）洒水车每分钟行驶 68 米，洒水的宽度是 5 米，洒水车行驶 30 分钟洒水面积是多少平方米？

（2）一批长 47 米的布料，做一套衣服需要用 5 米，请问最多可以做多少套衣服？

（3）一堆沙子重 52 吨，一辆限载 6 吨的卡车运沙子至少要运多少次？

错例六

单元名称：第四单元“运算律”——加法结合律、乘法分配律。

【易错题型】

（1）用简便方法计算。

645−180−245

（2）下面的计算对吗？把不对的改正过来。

46×102	125×（8×4）	44×25
=46×（100+2）	=125×8+125×4	=40×4×25
=46×100+2	=1000+500	=40×100
=4602（　　）	=1500（　　）	=4000（　　）
改正：	改正：	改正：

1. 考查内容的分类：数量关系。

2. 从数感的角度分析错误成因。

（1）运用运算律进行简便运算，学生不仅要会用运算律，更要会选择运算律。在这一课时中，学生学习了加法结合律，并第一次接触运用运算律进行简便运算，但由于只学了加法交换律和加法结合律，学生不需要经历选择的过程就能解决问题，因此学生和教师都忽略了观察数字特征这一过程，导致学生遇到这道题时手足无措。

（2）本题考查的是用乘法分配律简便运算。在学习乘法分配律前，学生已经学习了乘法结合律，此时学生容易将两种运算律混淆，因此，计算前对数字特点的观察尤为重要。学生在观察数字特征时，如果忽略其中符号的变化，就会导致不少学生认为这一计算过程是对的。

3. 分析此问题数感培养提前干预的知识点与时间点。

知识点：加法结合律、乘法分配律。

时间点：第四单元新授课。

4. 分析此问题数感培养提前干预的方法及活动设计。

（1）在初次接触简便运算时，先让学生观察数字的特点，并与同桌说一说自己的发现，引导学生观察数据的特点，再尝试运用加法交换律和结合律简便运算。当学生熟悉加法简便运算的方法后，可以将题目进行修改，如将 25+13+87 改为 25+14+87，让学生对比两个算式，说说哪个可以运用加法结合律简便运算，为什么。在交流的过程中，有的学生可能还会发现，计算 25+14+87，可以先算 25+13+87，再加上 1。

（2）在进行简便运算前，观察算式中数字的特征是很重要的，从第一次接触简便运算开始，就要有意地让学生观察数字的特点，课堂上可以多让学生说一说这些数字有什么特点，这是进行简便运算的前提。在学习乘法分配律后，学生接触了多种运算律，尤其是乘法结合律与乘法分配律，学生很容易混淆，此时更应该让学生在动笔前多观察数字的特点，再根据数字的特点选择合适的运算律进行简便运算。

错例七

单元名称：第六单元“除法”——参观花圃。

【易错题型】

（1）下面的算式对吗？把错误的改正过来。

$$\begin{array}{r} 5 \\ 36\overline{)183} \\ 180 \\ \hline 3 \end{array} \qquad \begin{array}{r} 8 \\ 52\overline{)469} \\ 416 \\ \hline 53 \end{array} \qquad \begin{array}{r} 7 \\ 48\overline{)364} \\ 336 \\ \hline 32 \end{array}$$

改正：　　　　改正：　　　　改正：

（2）4 □ 8 ÷ 43，要使商是一位数，□里可填的数有（　　）。

（3）352 ÷ 3 □，要使商是两位数，□里可填的数有（　　）。

1. 考查内容的分类：数与数量。

2. 从数感的角度分析错误成因。

第（1）题的易错点：①没有准确判断商是几位数及商写在什么位置；②忽略了余数要小于除数这一关键点；③计算减法时是否需要退位。在学习除法竖式时，学生如果不理解计算的原理、不熟悉计算的方法，都有可能找不出题中三个竖式的错因。

第（2）题和第（3）题是判断商是几位数的变式题，当知道商是几位数，判断方框里面能填的数。题目要求学生将所有可能的数都写出来，属于对商是几位数判断方法的灵活运用，部分学生如果不能举一反三，就会对临界值的判断出现遗漏或者错误。

3. 分析此问题数感培养提前干预的知识点与时间点。

知识点：除数是两位数除法的计算。

时间点：第六单元“除法”中“买文具”一课。

4. 分析此问题数感培养提前干预的方法及活动设计。

（1）判断商是几位数是计算三位数除以两位数时的关键步骤。在教学过程中，要引导学生说一说如何判断商是几位数、判断方法有几种。教学竖式计算时，让学生说一说计算的全过程，包括判断商是几位数、试商、检查、注意事项等。

（2）布置习题，如 120 ÷ 18，让学生先判断商是几位数，再思考如果想要商是两位数，可以将除数十位上的 8 换成哪个数字。重点探讨：换成 2 可以吗？在探讨过程中，学生会对商是几位数的判断方法有更深入的认识。

错例八

单元名称：第六单元“除法”——秋游。

【易错题型】

374÷34 的商是（　　）位数，可以把 34 看作（　　）来试商；264÷28 的商是（　　）位数，可以把 28 看作（　　）来试商，这时商会偏（　　）。

1. 考查内容的分类：数与数量。

2. 从数感的角度分析错误成因：试商、调商是计算三位数除以两位数的重要步骤，学生在已经学会了试商的基础上，初次接触试商后需要调商的笔算除法，本题最后一个填空就考查了调商，部分学生对为什么要调商、如何调商还存在疑问。

3. 分析此问题数感培养提前干预的知识点与时间点。

知识点：除数是两位数除法的调商方法。

时间点：在学习用四舍五入试商、调商时干预。

4. 分析此问题数感培养提前干预的方法及活动设计。

三位数除以两位数的计算过程比较复杂，计算过程中要试商、调商，有时候还需要多次调商。因此，理解并掌握调商的方法是计算三位数除以两位数的前提。在学习用四舍五入法试商、调商时，重点应放在调商上，让学生重点说一说为什么要调商、怎么调商。

错例九

单元名称：第六单元“除法”——商不变的规律。

【易错题型】

判断对错，对的在（　　）里画“√”，错的画“×”。

（1）350×14=（350÷7）×（14÷7）　（　　）

（2）600÷25=（6005）÷（255）　（　　）

1. 考查内容的分类：数与数量。

2. 从数感的角度分析错误成因：本题考查的是商不变的规律，如果对这一规律理解不够深入，就容易答错。

3. 分析此问题数感培养提前干预的知识点与时间点。

知识点：商不变的规律。

时间点：本节课。

4. 分析此问题数感培养提前干预的方法及活动设计。

教师可以创设与实际生活相关的问题情境，引导学生通过观察、计算、比较等活动，发现、提炼商不变的规律，学会简单的除法计算，培养学生的抽象概括能力。

错例十

单元名称：总复习——数与代数。

【易错题型】

小华从家到学校，每分钟走 60 米，需要 15 分钟；如果每分钟多走 15 米，多少分钟能到学校？

1. 考查内容的分类：数与数量。

2. 从数感的角度分析错误成因：没有厘清题目中的数量关系，理解问题、分析问题的能力较差。

3. 分析此问题数感培养提前干预的知识点与时间点。

知识点：行程问题。

时间点：总复习课。

4. 分析此问题数感培养提前干预的方法及活动设计。

在解决具体问题时，先让学生圈出关键字，分析每一个数量，整体把握数量之间的关系，再列出算式。请学生分享、总结解决此类应用题的方法及注意事项，适时进行巩固练习。

第八节　四年级下册错例分析及干预案例

错例一

单元名称：第一单元“小数的意义和加减法”——小数的意义（一）。

【易错题型】

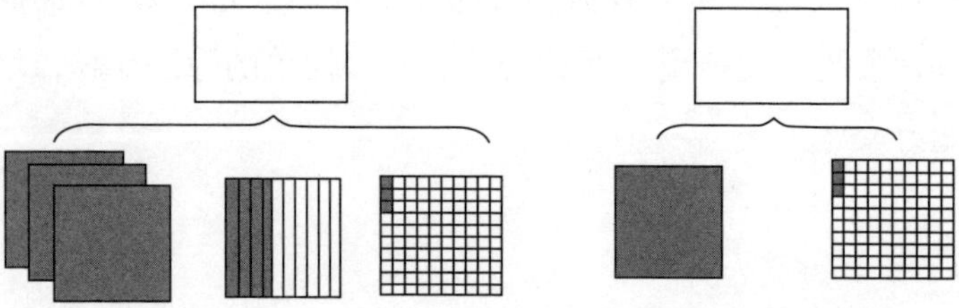

1. 考查内容的分类：数与数量。

2. 从数感的角度分析错误成因：学生在三年级时通过元、角、分初步认识了小数，在本学期进一步学习小数，同时结合现实模型（元、角、分）和面积模型理解分数的意义，学生答错本题的主要原因是没有正确解读面积模型——将这个正方形平均分成 100 份，涂色的 3 份是$\frac{3}{100}$，即 0.03，而不是 0.3。

3. 分析此问题数感培养提前干预的知识点与时间点。

知识点：理解小数的意义。

时间点：本节课。

4. 分析此问题数感培养提前干预的方法及活动设计。

着重讲解现实模型（元、角、分）、面积模型、分数、小数四者的联系。例如，1 角 =0.1 元，1 角是 1 元（10 角）的$\frac{1}{10}$，即 0.1 元是 1 元的$\frac{1}{10}$。用一个正方形表示“1 元”，就是把这个正方形（1 元）平均分成 10 份，其中的 1 份是 0.1 元。

错例二

单元名称：第一单元“小数的意义和加减法”——小数的意义（二）。

【易错题型】

2 千克 12 克 =（　　）千克　　5 千克 60 克 =（　　）千克

1. 考查内容的分类：数与数量。

2. 从数感的角度分析错误成因：此题考查小数的意义和单位之间的进率，小数与单位换算是常见的错误类型，其原因通常是学生没有正确理解单位的换算关系。

3. 分析此问题数感培养提前干预的知识点与时间点。

知识点：小数的计数单位及单位之间进率。

时间点：本节课。

4. 分析此问题数感培养提前干预的方法及活动设计。

（1）复习长度单位、重量单位之间的进率及小数的意义，引导学生将新旧知识联系起来。同时，在新授课后进行强化练习。

长度单位的进率：把 1 米平均分成 100 份，其中的 1 份是$\frac{1}{100}$米（0.01 米），也是 1 厘米，所以 1 厘米 = $\frac{1}{100}$米 =0.01 米。

重量单位的进率：把 1 千克平均分成 1000 份，其中的 1 份是$\frac{1}{1000}$千克（0.001 千克），也是 1 克，所以 1 克 = $\frac{1}{1000}$千克 =0.001 千克。

（2）沟通新旧知识间的关联点，实现知识间的纵向关联：1 角 = 0.1 元，1 角是 1 元（10 角）的$\frac{1}{10}$，即 0.1 元是 1 元的$\frac{1}{10}$，用一个正方形表示“1 元”，就是将这个正方形（1 元）平均分成 10 份，其中的 1 份是 0.1 元。学生将现实模型（元、角、分）、面积模型、分数和小数联系起来，形成一个系统的知识网络，领悟了数学思想和方法。

错例三

单元名称：第一单元“小数的意义和加减法”——比大小。

【易错题型】

在 68.037、67.98、68.12 中，最接近 68 的数是（　　）。

1. 考查内容的分类：数与数量。

2. 从数感的角度分析错误成因：本课是在学生初步理解小数的意义、特征、基本性质的基础上进行教学的，由于学生还未学习小数加减法，因此只能结合数线找到最接近 68 的数，不会画数线图的学生便会答错。

3. 分析此问题数感培养提前干预的知识点与时间点。

知识点：比较两个小数的大小。

时间点：本节课。

4. 分析此问题数感培养提前干预的方法及活动设计。

在“比大小”的新授课中，让学生学会结合数线图比较小数的大小，创设教学情境，提出问题，如 2.97、3.13 和 3.08 中，哪个数更接近 3，引导学生尝试自己画数线图解决问题。

重点思考：数线图的 1 小格表示多少比较合适？为什么？

学生交流讨论，画出数线图。

错例四

单元名称：第一单元“小数的意义和加减法”——买菜。

【易错题型】

0.1+0.4　　3.6−3　　4.5−2.5　　5.8−0.5

1. 考查内容的分类：数与数量。

2. 从数感的角度分析错误成因：本题考查的是小数加减法的口算，在计算小数加减法时，小数点要对齐，学生在用竖式计算时会注意这一点，但到了口算题，学生就容易像做整数加减法一样把末尾对齐，没有相同数位相加减，导致计算结果出错。例如 3.6–3，学生在口算时容易把减数 3 看成十分位上的 3，也就是 0.3。

3. 分析此问题数感培养提前干预的知识点与时间点。

知识点：小数加减法的计算方法。

时间点：本节课。

4. 分析此问题数感培养提前干预的方法及活动设计。

要避免此类错误，在新授课的教学中，需要让学生理解小数加减法中，小数点对齐的本质是数位对齐，相同数位上的数字才能相加减。

在教学小数的不进位加法和不退位减法时，创设具体的生活情境，结合现实模型和面积模型，引导学生理解小数加减法要遵循“相同数位对齐”这一原则。例如，解决问题“大约要付多少元”时，采用数形结合的方法，利用直观模型，帮助学生认识小数。

错例五

单元名称：第一单元“小数的意义和加减法”——比身高（一）。

【易错题型】

判断对错。对的画“√”，错的画“×”。

$$\begin{array}{r} 5.4 \\ -\ \ 4 \\ \hline 50 \end{array} \quad \text{改正：} \qquad\qquad \begin{array}{r} 7 \\ -\ 3.17 \\ \hline 4.17 \end{array} \quad \text{改正：}$$

（　　）　　　　　　　　（　　）

1. 考查内容的分类：数与数量。

2. 从数感的角度分析错误成因：本题考查的是对小数加法的小数点对齐、有退位的整数减小数的理解，学生做左题时容易像口算一样做错，做右题时容易忽略整数的小数点位置及小数点后面被省略的 0。

3. 分析此问题数感培养提前干预的知识点与时间点。

知识点：小数进位、退位加减法。

时间点：本节课。

4. 分析此问题数感培养提前干预的方法及活动设计。

小数末尾需补 0 的退位减法计算是易错题型，教师需要引导学生探索和理解小数末尾需补 0 的退位减法的计算方法。

结合北师大版教材，如在学习 6–2.4 的计算方法时，引导学生说一说，6 减 2.4 该怎么减。整数上的 6 减整数上的 2 很容易，但减数末尾的 4 该怎么减呢？在已学知识的基础上，学生知道需要向前借位，向个位上借 1，用 1 减去 0.4，可以让学生尝试画图计算 1–0.4，让学生经历将单位 1 平均分成 10 份的过程，即需要将 1 改写为 1.0，用 10 个 0.1 减去 4 个 0.1。

错例六

单元名称：第五单元“认识方程”——字母表示数。

【易错题型】

（1）8 个足球售价 x 元，每个足球的价钱是（　　）元。

（2）一辆汽车时速为 85 千米，x 小时行驶（　　）千米。

1. 考查内容的分类：数量关系。

2. 从数感的角度分析错误成因：本题考查的是用字母表示数及单价、数量、总价之间的数量关系，这部分是四年级上学期的教学内容，学生如果没有深入理解“路程 = 速度 × 时间”“单价 = 总价 ÷ 数量”等数量关系，不能理解字母表示的数代表什么，就很容易做错。

3. 分析此问题数感培养提前干预的知识点与时间点。

知识点：用字母表示数和简单的数量关系。

时间点：四年级上册“路程、时间与速度”和本节课“字母表示数”。

4. 分析此问题数感培养提前干预的方法及活动设计。

字母表示数是学习方程的基础，也是数学表达和数学思考的重要形式，教师应深入挖掘教材内容，关注知识点的延伸点，为后续教学做好铺垫。

（1）在讲解单价、数量与总价之间的数量关系时，引导学生举例说明对这一数量关系的理解，并适时补充对比练习。例如：

4 千克苹果售价 x 元，则苹果的单价为（　　）元 / 千克；

苹果的单价为 x 元 / 千克，买 5 千克苹果要（　　）元。

（2）在教授“字母表示数”一课时，进行变式练习，改变字母表示的量，引导学生说一说字母表示的是什么量，与其他量之间有什么关系。学生整体把握数量之间的关系，尝试用字母表示数与数量关系。例如：

鸵鸟奔跑了 s 千米，用了（　　）时；

s 表示鸵鸟奔跑的路程，已知鸵鸟的速度是 70 千米 / 时，那么鸵鸟奔跑 s 千米用的时间 = 路程（s 千米）÷ 速度（70 千米 / 时）。

错例七

单元名称：第五单元“认识方程”——方程。

【易错题型】

李奶奶家共养了 36 只鸡，其中公鸡有 x 只，母鸡比公鸡多 10 只。列方程为（　　）。

A. $36-x=10$　B. $x=36\div2$　C. $x+x-10=36$　D. $x+x+10=36$

1. 考查内容的分类：数量关系。

2. 从数感的角度分析错误成因：找不到题目中的等量关系，无法列出方程。

3. 分析此问题数感培养提前干预的知识点与时间点。

知识点：根据等量关系列出方程。

时间点：四年级下册第五单元“等量关系”一课和本节课。

4. 分析此问题数感培养提前干预的方法及活动设计。

在教授“等量关系”一课时，创设与实际生活相关的情境，引导学生用多种方法表示等量关系、解决具体问题，并适时进行强化练习。例如：

妈妈和笑笑的年龄总和为 52 岁，笑笑今年 x 岁，妈妈的年龄比笑笑的 4 倍多 2 岁，列方程为（　　）。

错例八

单元名称：第五单元“认识方程”——猜数游戏。

【易错题型】

如果 $3x+4=25$，那么 $4x+3=$（　　）。

1. 考查内容的分类：数量关系。

2. 从数感的角度分析错误成因：本题考查的是比较抽象的方程问题，要先求出一个方程的解，再代入另一个式子，求出式子的值，错误理解了数量关系就会做错。

3. 分析此问题数感培养提前干预的知识点与时间点。

知识点：用方程解答简单的应用问题。

时间点：解方程练习课。

4. 分析此问题数感培养提前干预的方法及活动设计。

方程是一类事物普遍适用的数学模型。在新授课中，学生已经结合生活情境认识了方程，那么在练习课中，教师应适当引导学生进一步认识方程的解——方程中的字母表示的是未知数。在同一题中，同一个字母表示同一个数。

错例九

单元名称：第五单元“认识方程”——练习五。

【易错题型】

一块地 a 平方米，共收粮食 x 千克，平均每平方米共收粮食（　　）千克。

梅梅今年 b 岁，比爸爸小 25 岁。年后，她和爸爸共（　　）岁。

1. 考查内容的分类：数量关系。

2. 从数感的角度分析错误成因：对用字母表示数与数量关系理解错误。

3. 分析此问题数感培养提前干预的知识点与时间点。

知识点：字母表示数。

时间点：“字母表示数”一课。

4. 分析此问题数感培养提前干预的方法及活动设计。

在教授“字母表示数”一课时，引导学生结合已有的生活经验，认识、收集生活中的符号，将具体事物与符号联系起来，经历用字母表示数的过程，体会用字母表示数的意义和作用，同时进行强化练习。例如：

老师批改 a 本作业，花了 b 分钟，平均每分钟批改（　　）本作业，平均每本作业花（　　）分钟；

笑笑今年 a 岁，比妈妈小 28 岁，5 年后，她和妈妈共（　　）岁。

错例十

单元名称：第六单元“数据的表示和分析”——练习六。

【易错题型】

（1）期中考试，小明的语文和数学总分是 197，英语考了 91 分。小明三门功课的平均成绩是多少分？

（2）小红、小青的平均身高是 103 厘米，小军的身高是 115 厘米，三个人的平均身高是多少厘米？

1. 考查内容的分类：数量关系。

2. 从数感的角度分析错误成因。

第（1）题考查的是求平均数的方法，属于求平均数的变式题。学生已掌握求平均数的方法——先求总数，再除以数量。已知语文、数学的总分和英语的单科分数，求三科的平均分，学生容易陷入思维定式，将 197 和 91 相加后直接除以 2，得到 144 分这个错误答案。

第（2）题也属于求平均数的变式练习，已知小红、小青的平均身高和小军的身高，求三人平均身高，先要求小红和小青的总身高，再求三人身高的平均数，或者用移多补少的方法求平均数。学生在做题时，容易把 103 看成小红和小青的总身高，在计算时将 103 和 115 相加后除以 3，从而得到错误答案。

3. 分析此问题数感培养提前干预的知识点与时间点。

知识点：简单的数据整理和分析、求平均数。

时间点：本节课。

4. 分析此问题数感培养提前干预的方法及活动设计。

（1）在教学过程中，引导学生根据数据的特点灵活选择整理方法、分析方法，做出合理的判断和预测，发展学生的数据分析观念。

（2）学生结合生活实际说一说对平均数的理解，完成变式练习。例如：

奇思前 5 次平均每次记住 4 个数字，第六次记住了 15 个数字，那么奇思这 6 次的平均数与前 5 次的平均数相比，有什么变化？请你算一下。

第九节　五年级上册错例分析及干预案例

错例一

单元名称：第一单元“小数除法”——精打细算。

【易错题型】

一头大象重 4 吨，一只鲸鱼重 145.6 吨。鲸鱼的体重是大象的多少倍？

1. 考查内容的分类：数与数量。

2. 从数感的角度分析错误成因：没有认真思考，直接将“倍”误认为数量单位。

3. 分析此问题数感培养提前干预的知识点与时间点。

知识点：除数是整数的小数除法。

时间点：学生初次接触“倍数关系”时。

4. 分析此问题数感培养提前干预的方法及活动设计。

（1）给出实物图片，找一找其中的倍数关系，小组讨论交流。

（2）用数学语言表述“谁是谁的几倍”，从具体实际情境中抽象出数学问题，比较“倍”与数量单位之间的区别——“一个数是另一个数的几倍”表示两个量之间的关系，而数量单位是一个物体的量。

错例二

单元名称：第一单元“小数除法”——打扫卫生。

【易错题型】

（1）竖式计算。

$24.6 \div 12 =$

（2）下面的计算对吗？把不对的改正过来。

```
      1.4                      0.7
15)15.6                  15)1.05
   15                        1 05
   ----                      ----
     60                         0
     60
   ----                  改正：
      0

改正：
```

1. 考查内容的分类：运算结果估计。

2. 从数感的角度分析错误成因。

（1）运算能力较差，不理解“不够商 1 时商 0 占位”的意义。

（2）没有养成检验的习惯，未能在“60 个 0.01”和“5 商在百分位”之间建立起联系，不理解“6”作为余数时，应先商 0 再在余数后添 0 继续除。

（3）未估计运算结果以检验答案的正确性。

（4）学生对小数除法的算理一知半解，不会应用生活经验或已有知识解释为什么不够商 1 时要用 0 占位。

3. 分析此问题数感培养提前干预的知识点与时间点。

知识点：除数是整数的小数除法。

时间点：三年级下册第一单元、第六单元，本学期每节数学计算课。

4. 分析此问题数感培养提前干预的方法及活动设计。

（1）在教学过程中，借助现实模型（元、角、分）讲解除法计算步骤中数的意义。

（2）设计多种类型的习题，如填空题，填写数位；判断题，判断计算的正确性，说一说错在哪里、为什么错、怎么判断的。

（3）设计丰富多彩的实践活动，引导学生经历算理由抽象变为直观的过程，提高学生的运算能力，培养学生的数感。

（4）培养学生检验的良好习惯，可以通过逆运算来检查计算结合的正确性。

错例三

单元名称：第一单元“小数除法”——谁打电话的时间长。

【易错题型】

填一填（见表 6–4）。

表 6–4　商品价格

名称	水果糖	牛奶糖	果仁糖	巧克力
总价 / 元	5.6	15		11.4
质量 / 千克	0.35		1.2	
单价 /（元 / 千克）		7.5	4.8	9.5

1. 考查内容的分类：数量关系。

2. 从数感的角度分析错误成因：没有理解单价的意思，未能熟练掌握“单价 = 总价 ÷ 数量”的数量关系，对数的感悟能力、分析能力较差。

3. 分析此问题数感培养提前干预的知识点与时间点。

知识点：除数是小数的小数除法。

时间点：四年级上册“数学好玩”及本节课。

4. 分析此问题数感培养提前干预的方法及活动设计。

（1）在讲解路程问题时，引导学生联系已有的生活经验，理解“速度”的含义，列举生活中与速度有关的例子。

（2）针对学生的学习情况，布置一些与课堂内容相关的练习题，帮助学生积累数学活动经验、巩固所学知识，拓展学生的数学思维。

错例四

单元名称：第一单元“小数除法”——人民币兑换。

【易错题型】

把下列各数按照四舍五入法取近似值，填入表 6–5。

表 6–5　四舍五入法取近似值

数	保留整数	保留一位小数	保留两位小数	保留三位小数
153.8602				
76.1795				

1. 考查内容的分类：运算结果估计。

2. 从数感的角度分析错误成因。

（1）学生会求简单数的求近似值，但难以解答较为复杂的、涉及两次进位的求近似值问题，说明思路不够清晰。

（2）学生难以将具体竖式计算中的进位过程抽象为估算中的进位过程，口算能力有待提升。

3. 分析此问题数感培养提前干预的知识点与时间点。

知识点：认识人民币的符号、单位、面额、名称，兑换人民币。

时间点：在讲解“整数取近似值”时进行干预。

4. 分析此问题数感培养提前干预的方法及活动设计。

（1）加强计算练习，在教学中有意识地多让学生说一说计算的过程，脱离竖式计算，提高口算能力。

（2）多种题型变换练习，加强学生对于近似值求解过程的理解。

（3）进行类比学习，帮助学生建立小数求近似值与整数求近似值之间的联系，降低学习迁移的难度。

错例五

单元名称：第四单元“倍数与因数”——探究活动：3 的倍数特征。

【易错题型】

（1）在下面的数中圈出 3 的倍数。

15　20　27　75　48　326　85　99　88　504

（2）想一想，3 的倍数有什么特征？

1. 考查内容的分类：数与数量。

2. 从数感的角度分析错误成因。

（1）学生能够知道 3 的倍数特征，对于简单数的判断较为准确，涉及 3 位数时遇到困难，说明对 3 的倍数特征有一定的理解，但不够透彻。

（2）有序思考能力有待提升，在判断 3 的倍数过程中，不能够按照顺序依次进行，出现遗漏。

（3）计算不够准确，对于一个数能否整除 3，在计算过程中出现问题。

3. 分析此问题数感培养提前干预的知识点与时间点。

知识点：3 的倍数的特征。

时间点：在讲解“3 的乘法口诀”及“整数除法”时进行干预。

4. 分析此问题数感培养提前干预的方法及活动设计。

（1）在教学 3 的倍数特征时，应留给学生较多的时间探索，允许学生出错，针对错误结论，举出相反例子加以说明。

（2）说一说判断的过程。让学生多次经历判断一个数是否是 3 的倍数的过程，灵活运用所得结论解决数学问题。

（3）写一写，写出是 3 的倍数的 3 位数，多角度思考，掌握 3 的倍数的特征。

错例六

单元名称：倍数与因数——单元练习三。

【易错题型】

12 的最大的因数是（　　），最小的倍数是（　　）。

1. 考查内容的分类：数与数量。

2. 从数感的角度分析错误成因。

（1）倍数与因数的概念理解不够透彻，脱离了算式后，较难判断谁是谁的倍数，谁是谁的因数。

（2）混淆最大公因数和最小公倍数的概念，直观认为“最大”相对应的数字就大，“最小”相对应的数字就小。

（3）看错题目，思维惯性，审题不认真，认为填完 12 后，该填 1 了。

3. 分析此问题数感培养提前干预的知识点与时间点。

知识点：倍数与因数的关系。

时间点：在讲解“最大公因数”和“最小公倍数”时进行干预。

4. 分析此问题数感培养提前干预的方法及活动设计。

（1）重视概念的理解，提出问题：“为什么是最大公因数和最小公倍数？

为什么不是最小公因数和最大公倍数？”让学生在对概念的深度理解过程中掌握数学知识的逻辑性。

（2）举例找出多个数的最大公因数和最小公倍数，让学生经历自主归纳的过程，理解结论“一个数的最大公因数是它本身，最小公倍数是1”，在理解的基础上较快地回忆并应用到具体的问题解决过程中。

错例七

单元名称：倍数与因数——3的倍数特征。

【易错题型】

（1）在15、36、2、78、132、17、51、60这些数中，奇数有（　　），偶数有（　　），5的倍数有（　　），3的倍数有（　　），同时是2、3、5的倍数有（　　），质数有（　　）。

（2）从2、3、5中选择一个恰当的数字填入□内，使这个数符合要求。

①是2的倍数。　　　　　　　1□　4□　7□　6□

②是3的倍数。　　　　　　　1□　4□　7□　6□

③既是3的倍数，又是5的倍数。1□　□0

1. 考查内容的分类：数与数量。

2. 从数感的角度分析错误成因。

（1）审题能力较差，如第（2）题没有按照题目要求从2、3、5中选取数字答题。

（2）未能正确理解倍数的特征，如3和5的倍数各有哪些，同时是2、3、5的倍数有哪些，没有掌握解题方法。

（3）本单元内容较为简单，但是涉及的概念比较多，部分学生掌握不牢，导致出现错误。

（4）学生不熟悉质数与合数的定义，容易忽略含有不常用的3、7、11等因数，说明学生经历的相关活动较少，经验积累不够。

3. 分析此问题数感培养提前干预的知识点与时间点。

知识点：2、3、5的倍数特征。

时间点：在讲解“3的倍数特征”和“5的倍数特征”时进行干预。

4. 分析此问题数感培养提前干预的方法及活动设计。

（1）让学生说一说找3和5的倍数的方法，展示出有序思维的过程，呈现具体的操作方法，如先确定末位的数字为0或5，再根据末尾数字确定前面数位的数字，使之相加后和为3的倍数。

（2）多种方式考查，在解决具体问题的过程中，培养学生多角度思考问题的能力，增强对此知识点的理解。

（3）本单元的课程是建立在学习倍数与因数的基础上，鼓励学生在平时多经历有关数的活动，积累数感经验。

（4）通过画思维导图的形式对知识进行归纳与梳理，让学生观察、对比、分析概念，弄清知识的来龙去脉和相关知识纵横联系，内化概念。

（5）在探究某些倍数的特点时，可以应用游戏等丰富多彩的教学活动，吸引学生的注意力，或在平时解决问题的教学中提升学生学习数学的兴趣。

错例八

单元名称：第四单元“多边形的面积”——比较图形的面积。

【易错题型】

3平方分米 =（　　）平方厘米　　5平方米 =（　　）平方分米

12平方分米 =（　　）平方米　　440平方分米 =（　　）平方米

1. 考查内容的分类：数量关系。

2. 从数感的角度分析错误成因。

（1）混淆了长度单位等其他单位的进率，导致计算错误。

（2）面积单位的转换过程不够清晰，大单位到小单位，小单位到大单位间的数量关系转换不够清晰，不明白究竟该除以进率还是乘以进率。

（3）学生对数量单位的认识程度不够深刻，以致单位换算时，模棱两可或随意猜测。

（4）受长度单位、面积单位、重量单位换算的负迁移，在时间单位换算时，学生潜意识认为它们之间的关系应为整十、整百倍。

（5）部分学生对单位学习的过程依赖死记硬背，并不清楚相关数量单位的大小关系，也不明确单位之间数量关系的来源，影响学生对数量单位的选择和判断，从而影响数感的形成。

3. 分析此问题数感培养提前干预的知识点与时间点。

知识点：比较图形面积的大小。

时间点：在讲解面积单位、常用单位面积的进率关系和五年级小数除法时进行干预。

4. 分析此问题数感培养提前干预的方法及活动设计。

（1）讲解中加入概念的比较，如长度单位和面积单位的区别有哪些？什么是面积单位？面积单位是怎么推导出来的？帮助学生构建知识网络，让学生理解“相邻面积单位之间的进率为 100”的原因，加深学生的印象。

（2）比较 1 平方米和 1 平方分米的大小，进而比较 1 平方米和 100 平方分米的大小，让学生在比较过程中感悟数字和单位之间的组合关系。相等的面积，数字大时对应的单位小，数字小时对应的单位大，帮助学生直观判定换算过程中是乘以进率还是除以进率。

（3）在认识单位的教学中，创设贴近生活的情境认识相关单位，再让学生根据已有的认知找一些贴近生活中的例子感受单位具体量的大小，让学生对数量单位大小熟记于心。

（4）合理设计多样化的教学活动，引发学生积极思考，让学生的学习由接受学习变为主动探索，探寻知识的本质。例如，认识面积单位，可以提供 1 平方厘米、1 平方分米、1 平方米的实物，再让学生通过“摆一摆”活动，借助几何直观，得到 1 平方分米 = 100 平方厘米等数量关系。学生在动手操作中，可感悟数量之间的关系，建立数感。

（5）布置形式多样化的作业。例如，动手操作用 1 平方厘米（1 平方分米）去贴面积为 1 平方分米（1 平方米）的墙，分别需要多少块？加深对数量单位的认识。

（6）让学生多列举生活中与此密切相关的例子，拉近学生与生活的联系，夯实学生的基础，培养学生用数学的思维想问题，用数学的眼光看问题，从而用数学知识解决实际问题的意识。

错例九

单元名称：第四单元“多边形的面积”——探索活动：梯形的面积。

【易错题型】

一块梯形的玉米地，上底是20米，下底是50米，高是30米。如果每平方米种6株玉米，这块地一共可以种多少株玉米。

1. 考查内容的分类：数量关系。

2. 从数感的角度分析错误成因：学生能够正确计算出相对应的面积，但在理解“每平方米种6株玉米”和“一共可以种多少株玉米”之间的关系时存在问题，总面积和单位面积以及数量之间对应的数量关系理解有误，归根到底是在学习“单价 × 数量 = 总价”时没有理解透彻，进而在解决类似数量关系的问题时存在难度。

3. 分析此问题数感培养提前干预的知识点与时间点。

知识点：了解梯形的特征、计算梯形的面积。

时间点：在讲解数量关系“单价 × 数量 = 总价”时进行干预。

4. 分析此问题数感培养提前干预的方法及活动设计。

（1）在日常教学中，有意识地培养学生认真审题的习惯，找出关键词，发掘题目中蕴含的数量关系，根据数量关系判断计算方法，列算式求解。

（2）设计对比练习，改变题目中的问题，设置为“每株玉米占地6平方厘米，一共可以种多少株玉米”，让学生在对比中理解数量之间的关系，明确计算方法。

错例十

单元名称：第五单元“分数的意义”——约分。

【易错题型】

把下面的分数化成最简分数。

$\frac{12}{36}$　$\frac{30}{45}$　$\frac{30}{32}$　$\frac{28}{35}$　$\frac{10}{24}$

1. 考查内容的分类：数与数量。

2. 从数感的角度分析错误成因：不能顺利找出分子和分母的最大公因数，对于约分的概念理解有偏差，约分不够彻底；对最简分数的概念仅仅停留于知道的层面，不能够依据概念做出正确判断，或者没有判断的意识，仅仅止步于经历过约分，没有具体考虑约分后的结果，对于约分的目的没有明确的认知。

3. 分析此问题数感培养提前干预的知识点与时间点。

知识点：最简分数及约分的意义，约分的方法。

时间点：在讲解最简分数、约分、最大公因数的过程中进行干预。

4. 分析此问题数感培养提前干预的方法及活动设计。

（1）在教学过程中强调约分后的结果应为最简分数，总结最简分数为分子分母只有公因数 1，帮助学生准确判断。

（2）增加判断题型，预设学生作业中的问题，将其组合，组织学生观察讨论错误的原因，说一说，并改正，强化正确方法的过程，增强学生化为最简分数的意识。

错例十一

单元名称：第六单元“组合图形的面积”——探索活动：成长的脚印。

【易错题型】

你有办法估算如图 6–5 所示的面积吗？

这个图形的面积大约是（　　）平方厘米。

图 6–5　不规则图形

1. 考查内容的分类：运算结果估计。

2. 从数感的角度分析错误成因：学生在学习过程中知道了数格子来解决问题的方法，但没有明确数格子时，一个格子的大小是首先规定好的，单纯地以为只要画格子数就可以，没有按照事实测量后的结果来计算，被教材中规定好的格子大小所误导，没有透彻理解数格子的具体意义。

3. 分析此问题数感培养提前干预的知识点与时间点。

知识点：估计不规则图形面积的大小、用数格子的方法计算不规则图形的面积。

时间点：在讲解估“不规则图形的面积”时进行干预。

4. 分析此问题数感培养提前干预的方法及活动设计。

（1）在讲解“数格子”解决不规则图形的面积时，有意识地强调确定单位格子的面积，明确数格子数出的个数要乘以单位格子的面积，实际中蕴含的数量关系依然是“单价 × 数量 = 总价”，教材中的 1 格为 1 平方厘米是一种规定，实际并没有达到 1 平方厘米。

（2）在练习过程中，设计格子的边长为 2 时，用数格子的方法求面积的问题，帮助学生明晰格子的个数不等于面积的大小，应重视一个格子的面积。

第十节　五年级下册错例分析及干预案例

错例一

单元名称：第一单元“分数加减法”——星期日的安排。

【易错题型】

一节数学课的时间是 $\frac{2}{3}$ 小时，其中学生动手实践用了 $\frac{1}{4}$ 小时，讨论交流用了 $\frac{1}{5}$ 小时，剩余的时间学生做练习。学生做练习用了多少小时？

1. 考查内容的分类：数与数量。

2. 从数感的角度分析错误成因：学生没有深入思考分数的实际意义，习惯性地把所有分数当作分率，直接用整体 1 去减其他分率，即 $1-\frac{1}{4}-\frac{1}{5}$，所以得出错误答案 $\frac{11}{20}$。

3. 分析此问题数感培养提前干预的知识点与时间点。

知识点：分数的意义、分数加减混合运算。

时间点：本节课。

4. 分析此问题数感培养提前干预的方法及活动设计。

新课标提出，培养学生运算能力主要是指能够根据法则和运算律正确地进行运算的能力。在教学中，教师应引导学生从份数的角度思考部分与整体之间的关系、理解分数加减混合运算的本质、整合加减法运算经验、体会数学知识之间的内在联系，进一步发展学生的运算能力。教师可做如下干预。

（1）画一画：学生画出二分之一个苹果。

（2）圈一圈：学生圈出一堆苹果的二分之一。

（3）比一比：对比画和圈的结果，总结出“同样是二分之一，表示的意义不同”。

错例二

单元名称：第一单元“分数加减法”——“分数王国”与“小数王国”。

【易错题型】

估一估，连一连。先估计下面算式的结果与哪个数最接近，再算出结果。

$\frac{3}{5}-\frac{1}{3}$　　$\frac{1}{8}-\frac{1}{9}$　　$\frac{1}{6}-\frac{1}{7}$

0　　$\frac{1}{2}$　　1

1. 考查内容的分类：运算结果的估计。

2. 从数感的角度分析错误成因：没有进行估算，只根据自己的计算结果做出判断。

3. 分析此问题数感培养提前干预的知识点与时间点。

知识点：分数加减法、分数的意义、分数的单位。

时间点：三年级下册第六单元“分数”、五年级下册第一单元第一课“折纸”。

4. 分析此问题数感培养提前干预的方法及活动设计。

分数加减法的进制是根据分母定的，将异分母分数转化为同分母分数是一个教学难点，学生需要运用转化思想先将异分母分数加减法转化成同分母分数，再进行运算。在教授新课“折纸”时，先复习三年级知识点同分母分数加减法的运算法则及算理，加深学生对分数加减法算理的理解，即分数加减法的本质就是若干个相同分数单位的分数进行相加减。同时，强化学生的估算意识，示范多样化的估算方法，最后出示练习一第八题，引导学生进行计算、比较，经历发现运算规律的过程。

错例三

单元名称：第一单元“分数加减法”——单元练习（一）。

【易错题型】

比$\frac{7}{9}$米少$\frac{1}{2}$米是（　　）米，$\frac{13}{15}$米比（　　）米长$\frac{1}{3}$米。

1. 考查内容的分类：数与数量。

2. 从数感的角度分析错误成因：没有分析数量关系，随意加减，或者在通分、约分方面存在困难，无法找到分母的最小公倍数，忘记约分或约分不够彻底。

3. 分析此问题数感培养提前干预的知识点与时间点。

知识点：异分母分数加减法，分数加减法混合运算，分数与小数的转化。

时间点：本单元。

4. 分析此问题数感培养提前干预的方法及活动设计。

异分母分数加减法的重点是统一计数单位，而统一计数单位就要理解分数的意义和性质。在教学中，教师通过以下活动加深学生对分数的意义的理解。

（1）说一说：给出大小不同的两个量，让学生从多和少两个角度，说出谁比谁多多少、谁比谁少多少，明确两个量之间的大小关系。

（2）分一分：如画图表示$\frac{1}{3}+\frac{1}{2}$的过程，将抽象的数学符号与现实情境联系起来，引导学生体会分数的多元内涵，丰富学生的认知。

错例四

单元名称：第三单元“分数乘法”——分数乘法（二）。

【易错题型】

我会填。

$\frac{7}{10}$吨 =（　　）千克　　$\frac{2}{5}$米 =（　　）分米

$\frac{1}{6}$日 =（　　）时　　5 厘米 =（　　）米

36 分 =（　　）时　　$\frac{1}{20}$千米 =（　　）米

$\frac{3}{10}$米 =（　　）分米　　$\frac{7}{10}$千克 =（　　）克

1. 考查内容的分类：数量关系。

2. 从数感的角度分析错误成因：学生掌握了长度单位、时间单位等常见单位的换算方法，但容易忘记将大单位转换为小单位时要乘以进率、将小单位转换为大单位时要除以进率。

3. 分析此问题数感培养提前干预的知识点与时间点。

知识点：分数乘整数。

时间点：本节课。

4. 分析此问题数感培养提前干预的方法及活动设计。

学生学习分数乘法的基础是分数加减法和整数乘法。分数乘整数和整数乘法的相同点在于都是求几个相同加数和的简便运算，不同点在于整数的计数单位是一，分数是几分之一。在教学中，教师应着重启发学生的数学思维，引导学生结合分数加减法等已有的知识和经验，运用数形结合思想，进一步学习分数乘整数，培养学生的观察能力、分析能力、抽象能力。

（1）复习乘法、除法的意义和性质：乘以一个大于1的数，积比这个数大；除以1个大于1的数，商比这个数小。

（2）借助图形直观，认识到米是比厘米大的单位——1米=100厘米，当单位由米转变为厘米后，如果想维持长度不变，单位前面的数字就要变大，所以要乘以进率。

（3）联系生活实际，灵活应用所学知识发现问题、分析问题、解决问题。

错例五

单元名称：第三单元“分数乘法”——分数乘法（三）。

【易错题型】

商店运来360千克苹果，上午卖出这些苹果的$\frac{1}{4}$，下午卖出的数量是上午的$\frac{2}{3}$。下午卖出了这些苹果的几分之几？下午卖出苹果多少千克？

1. 考查内容的分类：数量关系。

2. 从数感的角度分析错误成因：学生在理解分数乘法的意义时存在困难，对于分数作为沟通部分量和整体量之间的桥梁意义一知半解，很少能够敏锐地察觉到整体1的变化，分数在表示具体量和分量之间的变化是学生学习的难点，也是理解的重点，未能深刻把握数量之间的本质关系，即一个数的几分之几是多少。

3. 分析此问题数感培养提前干预的知识点与时间点。

知识点：整数乘分数、分数乘分数。

时间点：本节课。

4. 分析此问题数感培养提前干预的方法及活动设计。

本节课的教学重点是使学生理解分数乘法的意义、掌握分数乘法的计算方法。对此，教师可以有针对性地设计以下活动。

（1）画一画：6 个苹果的 $\frac{1}{2}$ 是多少个苹果？ 6 个苹果的 $\frac{3}{4}$ 是多少个苹果？从具体题目抽象出问题的本质——求 6 的 $\frac{1}{2}$ 是多少，求 6 的 $\frac{3}{4}$ 是多少，进而得出整数乘分数的意义——求一个整数的几分之几是多少。

（2）想一想：$\frac{1}{2}$ 个苹果，$\frac{1}{2}$ 除了可以表示 6 个苹果的一半，也可以表示一个苹果的一半，单位 1 不同，表示的意义就不同。

错例六

单元名称：第三单元“分数乘法”——练习三。

【易错题型】

（1）一条绳子长 4 米，用去了它的 $\frac{1}{4}$，用去（　　）米。

（2）淘气有 35 元，第一天用去了总数的 $\frac{3}{5}$，第二天用的和第一天的 $\frac{1}{3}$ 同样多，第二天用了总数的（　　），用了（　　）元。

（3）修一条公路，每天修全长的 $\frac{1}{20}$，5 天修了全长的（　　），还剩下（　　）没修。

1. 考查内容的分类：数与数量，数量关系。

2. 从数感的角度分析错误成因。

第（1）题，部分学生对分数的意义理解不够深刻，从而将 $\frac{1}{4}$ 理解成 $\frac{1}{4}$ 米，得到了错误的结果。

第（2）题，大部分学生能够理解两个“总数”的单位 1 是不同的，个别学生找不到两者之间的联系。如何将以部分量为单位 1 的数据转化为以整体量为单位 1 的数据，是学生学习的难点。

第（3）题，学生在学习分数的加减和乘法运算后，尚未养成约分的习惯，不能准确地判断所写的分数是否是最简分数；对于“还剩下（　　）没修”，不能提取出并补全关键信息“还剩下（全长的）（　　）没修”，所以不能理解为什么要用“1”减去$\frac{1}{4}$。

3. 分析此问题数感培养提前干预的知识点与时间点。

知识点：分数的意义，分数乘法的意义，分数乘法的计算。

时间点：在讲解“分数乘法（一）”“分数乘法（二）”“分数乘法（三）”的过程中进行干预。

4. 分析此问题数感培养提前干预的方法及活动设计。

在“分数乘法”教学中，教师可以借助几何直观表示计算结果，引导学生主动构建分数乘法的直观模型、理解模型所表示的具体意义。学生误将4米的$\frac{1}{4}$理解为$\frac{1}{4}$米，实质上就是没有理解分数的意义。对此，教师设计以下活动进行干预。

（1）提出问题：4个、8个、12个苹果分别是4个苹果的几倍？1个、2个、3个苹果分别是4个苹果的几分之几？

（2）先让学生回答问题，再让学生对比这两道题的区别与联系，从而得出结论，分数就是把单位1平均分成若干份，表示这样的1份或几份的数，帮助学生理解分数的本质即为倍数关系。

（3）引导学生通过画图或直观操作，找到不同分数对应的整体与部分。本题中$\frac{1}{4}$为整体4米的$\frac{1}{4}$，即用了1米，剩余3米。

（4）说一说生活中的分数，以及这个分数表示的意义，加深学生对分数的认识。

（5）给出一组分数，让学生找出其中的最简分数，明确最简分数的特征：分子分母只有公因数1。

错例七

单元名称：第五单元“分数除法”——练习五。

【易错题型】

一个不等于零的自然数除以一个真分数，商（　　）这个自然数。

A. 大于　　　　　B. 等于　　　C. 小于

1. 考查内容的分类：数量关系。

2. 从数感的角度分析错误成因：学生选 C 可能是受分数乘法中乘一个小于 1 的数，结果小于这个数的影响。

3. 分析此问题数感培养提前干预的知识点与时间点。

知识点：真分数，分数除法的性质。

时间点：第三单元“分数乘法”及本单元“分数除法（二）”一课。

4. 分析此问题数感培养提前干预的方法及活动设计。

在教授“分数乘法”时，鼓励学生主动探索：乘一个小于 1（等于 1 或大于 1）的数，它们的结果分别是什么？

在教授分数除法时，也鼓励学生先按照类似流程进行引导，再对比乘或除一个大于 1（小于 1 或等于 1），结果与这个数的大小关系之间联系与区别，最后回归到计算本质除以一个不为 0 的数等于乘它的倒数，沟通它们乘（除以）一个不为 0（与 1 的大小）的三种情况的本质是一致的。

错例八

单元名称：第七单元“用方程解决问题”——练习六。

【易错题型】

某小学女教师的人数比男教师多 42 人，女教师的人数是男教师的 2.5 倍。该小学有男、女教师各多少人？

1. 考查内容的分类：数量关系。

2. 从数感的角度分析错误成因：两个数都是未知数，学生不知从何下手；

基础薄弱的学生一碰到这种题目就认为两者之间得相加。

3. 分析此问题数感培养提前干预的知识点与时间点。

知识点：用方程解决问题、解方程、找等量关系。

时间点：四年级下册第五单元“认识方程”及本单元。

4. 分析此问题数感培养提前干预的方法及活动设计。

新课标指出，模型意识主要是指对数学模型普适性的初步感悟。知道数学模型可以用来解决一类问题，是数学应用的基本途径；能够认识到现实生活中大量的问题都与数学有关，有意识地用数学的概念与方法予以解释。其中，方程模型是建模思想的重要体现。

在教授本单元新课时，教师应给出相关信息，引导学生找到对应的等量关系，通过一系列数学活动抽象出方程，然后用方程求出结果。同时，进行变式训练，一题多问、一题多变，强化学生的审题能力，培养学生的数学思维。

错例九

单元名称：第五单元“分数除法”——练习五。

【易错题型】

3 名同学跳绳，小明跳了 120 下，小强跳的是小明的 $\frac{5}{8}$，小亮跳的是小强的 $\frac{2}{3}$。小亮跳了多少下？

1. 考查内容的分类：数与数量。

2. 从数感的角度分析错误成因：学生在解决类似问题时，不能敏锐地察觉出哪个量是单位 1，也不能判断出单位 1 与未知量之间的关系。

3. 分析此问题数感培养提前干预的知识点与时间点。

知识点：分数除以整数、分数乘分数、整数除以分数、解方程。

时间点：本单元。

4. 分析此问题数感培养提前干预的方法及活动设计。

小学阶段的分数教学大致分为平均分、认识分数、分数的再认识、分数运算、比的认识五个阶段。在教学中，教师应重视知识之间的纵横联系，引导学生了解分数在日常生活中的应用，让学生运用已经学过的分数知识，探索并理解分数与除法的关系，进一步培养学生的数感。

错例十

单元名称：总复习。

【易错题型】

用画图的方法表示算式 $\frac{2}{3}\times\frac{4}{5}$ 的含义。

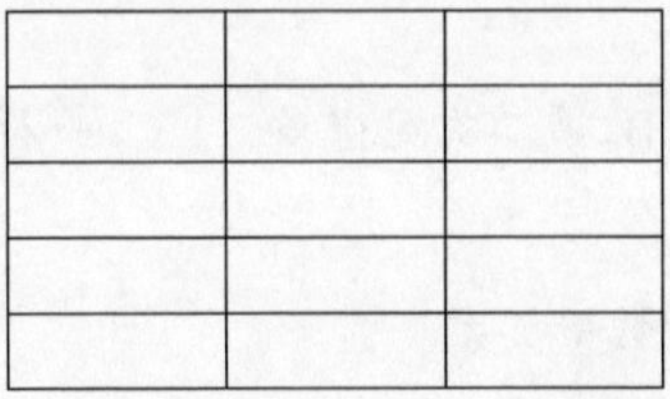

1. 考查内容的分类：数量关系。

2. 从数感的角度分析错误成因：大部分学生能够理解 $\frac{2}{3}$ 是表示把整体平均分成 3 份，取其中的 2 份，但对于 $\frac{4}{5}$ 的理解存在偏差，知道是将某个整体平均分成 5 份，取其中的 4 份，但不知道分的是谁的 5 份，即未能找准 $\frac{4}{5}$ 对应的整体 1，导致画成了原来整体 1 的 $\frac{4}{5}$，而不是 $\frac{2}{3}$ 的 $\frac{4}{5}$。

3. 分析此问题数感培养提前干预的知识点与时间点。

知识点：数形结合思想、分数加法。

时间点：五年级下册第三单元“分数乘法”。

4. 分析此问题数感培养提前干预的方法及活动设计。

（1）让学生说一说 $\frac{2}{3}\times\frac{4}{5}$ 的意义是什么，理解这两个数对应的整体 1 不同，$\frac{2}{3}$ 指的是整体 1 的 $\frac{2}{3}$，而 $\frac{4}{5}$ 对应的整体 1 是 $\frac{2}{3}$，即把 $\frac{2}{3}$ 平均分成 5 份，$\frac{4}{5}$ 就

是其中的 4 份。

（2）教师示范画图，解释为什么第二次涂的阴影与第一次涂的有一部分重叠，阴影部分和空白部分各代表什么。

错例十一

单元名称：期末自测。

【易错题型】

一批货物第一次运走$\frac{3}{8}$，第二次又运走$\frac{3}{8}$吨，两次运走的货物相比较，（　　）。

A. 第一次运得多　　B. 第二次运得多　　C. 一样多　　D. 无法比较

1. 考查内容的分类：数量关系。

2. 从数感的角度分析错误成因：一些学生在比较的过程中只注意到两个$\frac{3}{8}$，而没有注意到它们的单位不同，从而选择了 C；还有一些学生知道单位不同，但算不出第一次运走的具体数量，在比较时无从下手，片面地认为$\frac{3}{8}$比$\frac{3}{8}$吨大，或者$\frac{3}{8}$吨比$\frac{3}{8}$大，造成解答错误。

3. 分析此问题数感培养提前干预的知识点与时间点。

知识点：分数的意义。

时间点：五年级上册第五单元“分数的意义”。

4. 分析此问题数感培养提前干预的方法及活动设计。

（1）画一画：画图表示出“8 吨的$\frac{3}{8}$”和“1 吨的$\frac{3}{8}$”分别是多少，明确单位 1 不同时，相同分数对应的部分量也不同。

（2）比一比：一批货物的$\frac{3}{8}$和$\frac{3}{8}$吨货物，哪个多？在画一画的基础上很容易得出结论——这批货物的多少未知，不能比较。

（3）一批 3 吨的货物，第一次运走它的 $\frac{3}{8}$，第二次运走 $\frac{7}{8}$ 吨，哪一次运走的多？做完变式练习后，学生进一步体会到，当单位 1 已知时可以通过计算得出具体数量，比较两次数量的大小。

第十一节　六年级上册错例分析及干预案例

错例一

单元名称：第一单元“圆”——圆的面积。

【易错题型】

见图 6–6，圆中等腰直角三角形的面积是 5 平方厘米，求圆的面积。

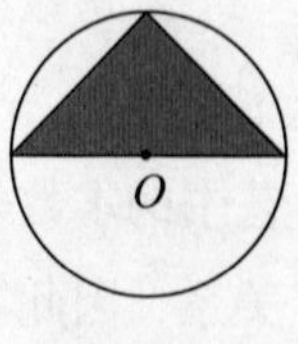

图 6–6　圆

1. 考查内容的分类：数量关系。

2. 从数感的角度分析错误成因：六年级学生在学习了圆的面积计算公式后，已经具备了理解圆的半径与圆的面积之间数量关系的基础，但学生对复杂一点的数量关系的感悟常常是伴随着具体的问题情境而展开的，例如，如何利用等腰直角三角形的面积直接得出相应圆的面积计算方法。

3. 分析此问题数感培养提前干预的知识点与时间点。

知识点：正方形面积的计算，体积单位的换算，圆的面积的计算。

时间点：五年级上册、六年级上册。

4. 分析此问题数感培养提前干预的方法及活动设计。

（1）由学生熟悉的正方形面积入手，巩固面积作为二维空间的数量，其计算方法要用边长乘以边长。引导学生体会“平方”的意义。

（2）在圆的面积计算教学中，引导学生关注半径平方与面积的关系而非半径与圆面积的关系。为学生提供圆面积的计算方法的多种理解方式。

错例二

单元名称：第二单元“分数混合运算”——分数混合运算（二）。

【易错题型】

学校图书馆有故事书200本，科技书的本数是故事书的$\frac{3}{5}$，又是文艺书的$\frac{2}{5}$，文艺书有多少本？

错误率：

1. 考查内容的分类：数量关系。

2. 从数感的角度分析错误成因：此题考查了分数的混合运算，题中有两个单位1，先求出科技书的本数是解题关键，求一个数的几分之几用乘法，文艺书的本数是单位1，求单位1用除法，部分学生错误地理解了题目中的数量关系，因此答题错误。

3. 分析此问题数感培养提前干预的知识点与时间点。

知识点：分数混合运算。

时间点：五年级上册第五单元中“分数的再认识（一）”和“分数的再认识（二）”两课。

4. 分析此问题数感培养提前干预的方法及活动设计。

教师在教授“分数的再认识”一课时，可以创设具体情境，引导学生体会分数和整数都有计数的作用、分数可以表示不同数量之间的关系，以及一个分数对应的整体不同其所表示的数量也不同，加深学生对分数意义的理解。

错例三

单元名称：第四单元“百分数”——合格率。

【易错题型】

（1）六（1）班今天出勤39人，缺席1人，该班今天的出勤率是（　　）%。

（2）一件毛衣现价是45，比原价便宜了5元。现价是原价的（　　）。

A.90%　　B.11.1%　　C.10%

1. 考查内容的分类：数与数量。

2. 从数感的角度分析错误成因。

第（1）题考查了学生对出勤率的认识，出勤率是指出勤人数占总人数的百分之几。学生在掌握了整数、分数相关知识的基础上学习百分数，但容易错误理解数与数量的关系，得出错误答案。

第（2）题考查了百分数的实际应用，由“比原价便宜了 5 元”可知单位 1 应是原价，而不是现价。学生误将现价当作单位 1，从而选错答案。

3. 分析此问题数感培养提前干预的知识点与时间点。

知识点：解决“一个数是另一个数的百分之几”的问题，分数化为百分数。

时间点：五年级上册第五单元“分数的再认识（一）”“分数的再认识（二）”两课，六年级上册第四单元“百分数的认识”一课。

4. 分析此问题数感培养提前干预的方法及活动设计。

（1）在教授“分数的再认识”的过程中，借助几何直观地将抽象的数学问题变得直观、形象，引导学生进一步体会分数的意义和性质，感受数学知识之间的内在联系，培养学生解决问题的能力。

（2）在教授“百分数的认识”的过程中，通过解决合格率的相关问题引入“分数化成百分数”教学，加深学生对百分数意义的理解，使学生体会到数学知识与日常生活密切相关。

（3）让学生在问题情境中经历解决实际问题的过程，深入理解整体与部分之间的关系、分数化为百分数的必要性，体会到数学的应用价值。

错例四

单元名称：第六单元“比的认识”——比的应用。

【易错题型】

（1）见图 6-7，两个平行四边形重叠部分的面积相当于大平行四边形面积的 $\frac{1}{8}$，相当于小平行四边形面积的 $\frac{1}{6}$。大平行四边形和小平行四边形的面积比是（　　）。

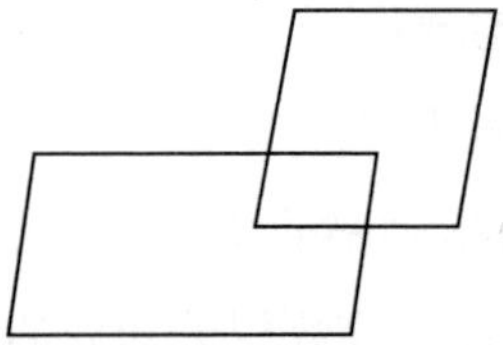

图 6–7　两个平行四边形

（2）一本书，已经看了总页数的 60%，没有看的页数与全书总页数的比是（　　）。

A. 2∶3　　B. 3∶5　　C. 2∶5　　D. 不确定

1. 考查内容的分类：数与数量、数量关系。

2. 从数感的角度分析错误成因。

第（1）题考查了数形结合问题、比例知识，解题关键是根据分数除法的意义求出大、小平行四边形的面积，再列出比例式。题中重叠部分是难点，学生难以建立起数量关系，故而答错。

第（2）题考查了比的应用，答题关键是把这本书的页数看作单位“1”，再根据比意义列式计算，即总页数为单位“1”，没有看的占总页数的 1–60%，没有看的与全书的比为（1–60%）∶1，再进行化简。学生没有厘清多个量之间的关系，故而答错。

3. 分析此问题数感培养提前干预的知识点与时间点。

知识点：比的意义和性质。

时间点：五年级上册第五单元中“分数的再认识（一）”“分数的再认识（二）”两课，六年级上册第四单元中“百分数的认识”一课及第六单元“比的认识”。

4. 分析此问题数感培养提前干预的方法及活动设计。

在小学低年级段，学生对数的概念的理解始于数数、辨认各组实物的多少，这是一个渐进的过程。比是数学中的重要概念，也是“数与代数”领域的重要内容，用于描述两个数之间的关系。针对易错点，教师可进行如下干预。

（1）介绍“重合”在数学中的含义，唤醒学生已有认知经验，引导学生再次经历分一分的过程，加深对分数的认识和理解。

（2）强化学生对百分数的意义、部分与整体的关系的理解。

（3）创设具体的生活情境，引导学生利用最大公因数、比的基本性质进行计算。

错例五

单元名称：第六单元“比的认识”——比的化简。

【易错题型】

把 0.85 吨：170 千克化成最简整数比是（　　）。

1. 考查内容的分类：数与数量。

2. 从数感的角度分析错误成因：此题考查了不同单位的两个量求比的知识点，学生在单位换算和求最大公因数方面存在问题。

3. 分析此问题数感培养提前干预的知识点与时间点。

知识点：比的意义，比与分数、除法的关系。

时间点：本单元。

4. 分析此问题数感培养提前干预的方法及活动设计。

在教学中，先复习比、除法和分数的关系，再创设具体的生活情境，引导学生根据商不变的规律和比的基本性质，化简比，同时进行强化练习，培养学生的抽象能力、运算能力和估算意识。

错例六

单元名称：第五单元“数据处理”——统计图的选择。

【易错题型】

观察图 6-8，并回答问题。

（1）如果用整个圆表示整体，那么哪一个扇形表示整体的 25%？

（2）如果用整个圆代表学校的总人数（1500 人），那么扇形 A 代表多少人？

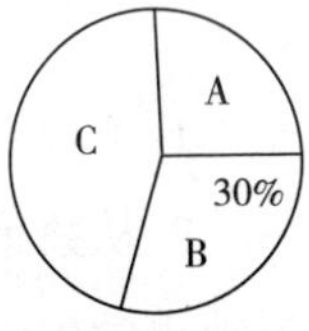

图 6-8　圆

1. 考查内容的分类：数与数量。

2. 从数感的角度分析错误成因：本题中有两个小问，第一问，大部分学生只简单写出答案“A”，但没有解释 A 占整体 25% 的原因；部分同学给出的理由是 A 占整个圆的四分之一，四分之一等于 25%；其实还可以从数量大小的角度进行思考，整个圆减去 B 所占的 30%，还剩 70%，而 C 所占的部分明显比 A 多，所以 A 占整个圆的 25%。学生在面对类似问题时可以从多方面多角度地进行思考，更有利于学生思维的发散，解决第二小问时更加得心应手。

3. 分析此问题数感培养提前干预的知识点与时间点。

知识点：条形统计图、折线统计图、扇形统计图的特点。

时间点：三年级下册第六单元“分数的初步认识”，六年级上册第四单元“百分数”。

4. 分析此问题数感培养提前干预的方法及活动设计。

新课标将统计教学的总目标定为：能够感悟数据的意义和价值，有意识地使用真实数据表达、解释与分析现实世界中的不确定现象。在教学中，教师应引导学生总结三种统计图的特点——条形统计图能清楚地表示出每个项目的具体数目、折线统计图能清楚地反映事物的变化、扇形统计图能清楚地表示出各部分在总体中所占的百分比，发掘现实生活中的统计问题，鼓励学生认真观察、分析、测量、解释数据，增强学生的数据意识。

错例七

单元名称：第七单元“百分数的应用”——百分数的应用（三）。

【易错题型】

（1）一件商品降价 20%，现价是原价的（　　）。

（2）一件商品涨价 20%，现价是原价的（　　）。

1. 考查内容的分类：数与数量、运算结果估计。

2. 从数感的角度分析错误成因：主要是学生没有找到正确的单位 1，间接反映出学生思维方式固化，对数字不够敏感，对结果估计得不够准确。

3. 分析此问题数感培养提前干预的知识点与时间点。

知识点：百分数的意义、列出方程解决实际问题。

时间点：三年级下册第六单元“分数的初步认识”，六年级上册第四单元“百分数”。

4. 分析此问题数感培养提前干预的方法及活动设计。

在教学过程中，教师应重点引导学生理解“单位 1”，“1”在数量关系中可以表示一个整体，可以让学生多说一说生活中的“1”，把不足“1”和超过“1”的部分与单位“1”进行比较。例如，将现价和原价进行比较，是把原价看作“1”，所以运算结果是比“1”少多少或者比“1”多多少，帮助学生厘清思路、估计计算结果。

第十二节　六年级下册错例分析及干预案例

错例一

单元名称：第一单元“圆柱与圆锥”——圆锥的体积。

【易错题型】

一个圆锥的底面半径扩大到原来的 4 倍，高不变，它的体积扩大到原来的（　　）倍。

A. 4　　　　B. 8　　　　C. 16

1. 考查内容的分类：数量关系。

2. 从数感的角度分析错误成因：本题是一道结合圆锥体积和数量变化的综合性习题，主要考查对圆锥体积、数量关系的认识，本题没有给出具体的数量，所以学生要去找到体积变化的本质原因，了解代数式中哪个是决定性的变化量，一个数随着另一个数是怎么发生变化的，学生主要出错在于误认为半径的扩大和体积的扩大是一次的倍数关系

3. 分析此问题数感培养提前干预的知识点与时间点。

知识点：用字母表示数、正比例、反比例。

时间点：四年级下册第五单元中“字母表示数”一课。

4. 分析此问题数感培养提前干预的方法及活动设计。

本题的解答关键是准确找到数量之间的关系，当一个数发生变化时，另一个数是怎么随之发生变化的。在本题中，体积与半径的平方成正比，学生往往是理解不清导致错误，因此在教学圆锥体积的过程中，教师要重点讲解代数式的含义及运算规律，提升学生的数学思维及解决问题的能力。

错例二

单元名称：第二单元“比例”——比例的认识。

【易错题型】

把下面的等式改写成比例。

$0.3\times8=4\times0.6$

1. 考查内容的分类：数量关系。

2. 从数感的角度分析错误成因：这道题考查了比例的意义与基本性质，将等号一边相乘的两个数作为比例的内项，另一边则为外项，而学生错误地理解了数量关系，将等号左右两边分别改写成比例，即 $0.3:8=4:0.6$。

3. 分析此问题数感培养提前干预的知识点与时间点。

知识点：字母表示数，比例的概念及性质。

时间点：四年级下册第五单元中“字母表示数”一课和本单元。

4. 分析此问题数感培养提前干预的方法及活动设计。

在课堂上，运用教师讲解、学生互动、小组探究等多种方法，讲解比例的概念和表示方法，结合现实生活中与比例相关的情境，帮助学生理解比例的意义和作用。最后，布置课后作业，及时了解学生的学习情况。

错例三

单元名称：第二单元“比例”——比例的应用。

【易错题型】

两个相互咬合的圆形齿轮的齿数比是 4 : 3，其中小齿轮有 27 个齿，大齿轮有多少个齿?

1. 考查内容的分类：数量关系。

2. 从数感的角度分析错误成因：这道题考查了利用比例知识解决问题，两个齿轮的齿数比是 4∶3，将大齿轮的齿数看成 4 份、小齿轮的齿数看成 3 份，小齿轮有 27 个齿，27÷3 就是一份的齿数——9，9 乘 4 份便是大齿轮的齿数。学生容易混淆大齿轮和小齿轮齿数所占的份数。

3. 分析此问题数感培养提前干预的知识点与时间点。

知识点：比的相关知识（一一对应的关系）。

时间点：本单元。

4. 分析此问题数感培养提前干预的方法及活动设计。

在教学过程中，教师应重点讲解数与数量的对应关系，引导学生自主探究、小组讨论比例知识，运用所学知识解决现实生活中的问题，培养学生解决问题的能力。

错例四

单元名称：第二单元“比例”——比例尺（一）。

【易错题型】

在比例尺是 6∶1 的图纸上，量得零件长 12 厘米，零件实际长度是（　　）厘米。

1. 考查内容的分类：数量关系。

2. 从数感的角度分析错误成因：本题考查的是比例尺的应用，有的学生不了解比例尺的含义和作用，习惯性地认为物体的实际长度比在图上的长度更长，所以直接用 12 乘 6 得到错误结果。

3. 分析此问题数感培养提前干预的知识点与时间点。

知识点：比例尺的应用。

时间点：本节课。

4. 分析此问题数感培养提前干预的方法及活动设计。

在本节课中，教师应重点介绍比例尺的概念、意义、应用，利用易错题纠正学生的错误认知。通过参与学习及实践活动，学生能够看懂比例尺，能够根据图上距离、实际距离和比例尺中的两个量求得第三个量，能够应用所学比例尺知识解决实际问题。

错例五

单元名称：第二单元“比例”——比例尺（二）。

【易错题型】

10月1日晚上10时，一列客车从甲地开往乙地，张华在列车上查看一幅比例尺为1∶9000000的地图，量得甲地到乙地的铁路长是8厘米。若火车平均时速是80千米/小时，则张华到达乙地的时间是10月几日几时？（中间停车时间忽略不计）

1. 考查内容的分类：数与数量。

2. 从数感的角度分析错误成因：本题的综合性较强，出现了时间、比例尺、长度、速度等概念，需要学生弄清楚这些数量以及彼此之间的联系，学生会在数量关系之间衔接和处理的时候发生一些错误，没有考虑到两地的真实距离应该在什么范围，路上需要花多少时间以及时间单位的转化。

3. 分析此问题数感培养提前干预的知识点与时间点。

知识点：比例尺，路程、时间与速度，24小时制。

时间点：本节课。

4. 分析此问题数感培养提前干预的方法及活动设计。

小学数学的很多内容是为了以后的学习和生活打基础，很多概念是生活化、常识化的，因此在教学的时候既要考虑学生的感受，又要考虑学生是否有深层次的认知，学生在学习这些知识的时候应经历“猜想—验证”的过程，加深印象和数据处理的能力。

错例六

单元名称：第四单元“正比例与反比例”——正比例。

【易错题型】

变量 x 与 y 的关系可以表示为 $y=5x$。

（1）请完成表 6–6。

表 6–6　x 与 y 的关系

x	1					
y						

（2）$\frac{y}{x}$ 的比值是多少？

（3）变量 x 与 y 成正比例吗？为什么？

（4）如果 x 表示《儿童漫画》的份数，y 表示总钱数，则 5 表示什么意义？

1. 考查内容的分类：数量关系。

2. 从数感的角度分析错误成因：大部分学生能够根据代数关系式将对应数字填入表格中，也能根据表格中的数字将原关系式变形，但有部分学生不能根据 $\frac{y}{x}$ 这样的关系推导出它的倒数，不能将数字之间的比值与生活实际对应起来，因此得出错误结论。

3. 分析此问题数感培养提前干预的知识点与时间点。

知识点：比的意义，正比例。

时间点：本节课。

4. 分析此问题数感培养提前干预的方法及活动设计。

正比例是指两种相关联的量，一种量变化，另一种量随之变化。如果将比当作除法，那么两种量的变化过程就是同时扩大或缩小相同的倍数。

在课堂讨论环节，学生集体讨论两种量之间是否成正比例关系，在教师的引导下掌握正比例量的变化规律及判断方法，并尝试调换前、后项的位置得到其倒数，培养自身的判断能力、推理能力。

错例七

单元名称：第四单元“正比例与反比例”——反比例。

【易错题型】

一个长方形的周长为 32 厘米，若长是 9 厘米，则宽是 7 厘米。

（1）填写表 6–7。

表 6–7　长与宽的关系

长 / 厘米	9	8	7	6	5
宽 / 厘米					

（2）长方形的长变小时，宽怎样变化？

1. 考查内容的分类：数量关系。

2. 从数感的角度分析错误成因：大多数学生能够理解题意，以及长方形的长、宽与周长的关系“(周长) = 长 + 宽”，能够明确当周长一定时，长随着宽的增加而减少这一数量之间的关系。而部分学生并未掌握两个数量之间的关系，因此盲目填写数字。

3. 分析此问题数感培养提前干预的知识点与时间点。

知识点：反比例。

时间点：第四单元中“变化的量”一课。

4. 分析此问题数感培养提前干预的方法及活动设计。

在教授“变化的量”一课时，教师应带领学生详细分析两种相关联的量的关系。当两种量中相对应的两个数的比值一定时，这两种量的关系就是正比例关系；当两种量中相对应的两个数的积一定时，这两种量的关系就是反比例关系。引导学生用语言描述两种量之间的关系，明确两种量中相对应的两个数同增同减的规律，再引入新知，培养学生的逻辑思维能力。

错例八

单元名称："总复习"——小数、分数、百分数。

【易错题型】

28 米减去它的$\frac{1}{7}$后是（　　）米，28 米减去$\frac{1}{7}$米后是（　　）米。

1. 考查内容的分类：运算结果估计。

2. 从数感的角度分析错误成因：本题侧重考查学生对分数和分数意义的理解，并且涉及分数的计算，对于分数意义把握不好的学生很容易把"分量"和具体量弄混淆，大部分学生出错都是因为没有理解不同语句中分数的含义，从而无从下手，或者会把结果弄反，导致解题时出现错误。

3. 分析此问题数感培养提前干预的知识点与时间点。

知识点：分数的意义、分数的运算。

时间点：二年级上册第七单元"分一分与除法"，三年级下册第六单元"认识分数"。

4. 分析此问题数感培养提前干预的方法及活动设计。

学生学习分数知识的基础是会平均分，通过折一折、涂一涂等活动理解部分与整体的关系，进而认识分数。认识分数是教学重点及难点，几何直观在学生认识分数的过程中具有重要作用。在教学过程中，教师运用数形结合思想，将分数与物体、图形联系起来，引导学生经历从直观到抽象的过程，简化复杂的数学问题，帮助学生认识分数、理解分数的意义。

错例九

单元名称："总复习"——计算与应用。

【易错题型】

用简便方法计算。

$2.75 \times 0.19 + 0.125 \times 1.9$。

1. 考查内容的分类：对运算结果的估计。

2. 从数感的角度分析错误成因：本题中含有两个乘法算式，解题思路是根据积不变的性质，转化两个乘法算式——$2.75\times0.19+1.25\times0.19$，得到相同的乘数 0.19，然后运用乘法分配律进行简便计算，得到结果 0.76，部分学生在转化乘法算式时，混淆了乘数的倍数关系，错解为 $27.5\times1.9+0.125\times1.9$ 或者 $2.75\times0.19+0.0125\times0.19$，因此答错。

3. 分析此问题数感培养提前干预的知识点与时间点。

知识点：整数、小数、分数、百分数及常见的量。

时间点：本学期。

4. 分析此问题数感培养提前干预的方法及活动设计。

在教学中，教师应重点讲解积不变的性质“在乘法运算中，如果两个因数同时扩大或缩小相同的倍数，它们的乘积保持不变”，使学生理解小数位数对乘积的影响。学生通过同桌讨论、小组交流等方式探究运算的规律，讨论小数位数对乘积的影响。

后 记

人生第一次出书，从杂乱的论文、案例、汇报小册，到内容体系化、图文体例化、编排逻辑化，最终得以出版，一路走来要总结反思的地方很多，要感谢的人很多。

本书编写前期缺乏整体构思及框架设计，书中案例等材料体例不够规范，对一些理论知识和实践应用在凝结提升上高度不够。因此，虽然在编写过程中对以上问题进行了修正、完善，但是本书从内容到思想上都不能算是一本成功的著作，此为笔者的遗憾之处。但可喜的是，笔者迈出了这艰难的第一步，有了前车之鉴，后续的研究写作之路还是可以展望和期待的。

本书中的部分案例由罗刚名师工作室学员林茹芸、李泳颖、詹洁、檀钱胜、唐艳、黄琼芳、杨晓娟、袁建群、郑敬炜、陈彩云、马阳阳、梅树茂、李达灏、盛子隽、凌洁静、张悦、马如龙、邓颖颖、骆石姐等老师提供。这些案例是他们课题研究的成果，经历多次磨课与公开课展示，在反思中创作而成，得到广大观摩教师的肯定。在此对各位老师表示诚挚的谢意。

同时，要感谢特级教师王栋昌老师，正高级教师叶建云老师，宝安区教育局李志红主任，宝安区教科院杨涛主任、张维国主任、高雅老师，各位领导和同人在本书的编撰过程中给予了悉心指导，感激不尽。

因成书仓促，本书中的观点及实验结果或有谬误与遗漏之处，欢迎批评指正。